Die 5 Wunden

DER SEELE

CEDRIC SILVA

VORWORT

Liebe Leserinnen und Leser,

Mit großer Freude präsentiere ich Ihnen dieses Werk, das den fünf Wunden der Seele gewidmet ist.
 Dieses Buch ist nicht nur eine theoretische Synthese: Es ist das Ergebnis langjähriger Forschung, aber auch persönlicher Erfahrungen und einer aufrichtigen Suche nach dem Verständnis der inneren Mechanismen, die uns bewohnen.

Auf diesen Seiten möchte ich Sie einladen, diese fünf universellen Wunden zu erforschen: Ablehnung, Verlassenheit, Verrat, Ungerechtigkeit und Demütigung. Jede von ihnen wirkt wie ein unsichtbarer Abdruck, der unser Denken, Fühlen und Lieben prägt. Manchmal hemmen sie unsere Lebensimpulse, hindern uns daran, unser volles Potenzial zu entfalten, und schränken unsere Fähigkeit ein, mit anderen in völliger Authentizität in Kontakt zu treten.

Doch diese Wunden sind keine Verurteilung. Sie sind auch eine Einladung. Eine Einladung, in uns selbst nach dem zu suchen, was gehört, anerkannt und transformiert werden muss. Denn im Herzen jeder Narbe liegt eine heilende Energie, die uns, wenn sie freigesetzt wird, ermöglicht, Gleichgewicht, Frieden und innere Freude wiederzuerlangen.

Auf dieser Reise biete ich Ihnen nicht nur Reflexionen, sondern auch konkrete Werkzeuge an, um Ihre tiefen Wunden zu identifizieren, ihre Wurzeln zu verstehen und sie zu zähmen. Diese Praktiken ermöglichen es Ihnen, Ihrem Sein wieder Raum zu geben, Ihre Lasten zu erleichtern und sich wieder mit Ihrem Wesen zu verbinden.

Ich weiß, dass dieser Weg nicht immer einfach sein wird. Heilung erfordert Mut, Geduld und unendliche Selbstliebe. Aber ich bin überzeugt, dass jeder mit Ausdauer den Weg zu größerer innerer Freiheit und einem ausgeglicheneren und strahlenderen Leben finden kann.

Möge dieses Buch Ihnen auf dem Weg zur Heilung und zum spirituellen Wachstum ein Begleiter, ein freundlicher Führer und eine Quelle der Inspiration sein.

Mit all meiner Aufrichtigkeit und Zuneigung, Cédric Silva

PRÄAMBEL

Seit Anbeginn der Menschheit tragen die Menschen unsichtbare Wunden in sich, die ihre Seele ebenso prägen wie ihre Gedanken. Sie kennen weder Grenzen noch Epochen: Sie finden sich in allen Kulturen, in allen Gesellschaften und sogar in den heiligen Geschichten alter Traditionen.

Diese Wunden, obwohl unsichtbar, beeinflussen unser Leben zutiefst. Sie prägen, wie wir uns selbst wahrnehmen, mit anderen umgehen, Entscheidungen treffen und sogar träumen. Sie wurzeln in unseren tiefsten Überzeugungen, manchmal so tief, dass wir uns ihrer Anwesenheit gar nicht mehr bewusst sind. Dennoch wirken sie wie unsichtbare Filter, die unsere Sicht auf die Welt und uns selbst verzerren.

In diesem Buch erforschen wir die fünf Wunden der Seele: Ablehnung, Verlassenheit, Verrat, Ungerechtigkeit und Demütigung. Wir werden sehen, wie sie sich in unserem täglichen Leben manifestieren, wie sie unser Verhalten prägen und unsere Erfüllung einschränken. Vor allem aber werden wir Wege finden, sie zu erkennen, zu verstehen und schrittweise zu heilen.

Denn obwohl diese Wunden zum menschlichen Dasein gehören, stellen sie keine Verurteilung dar. Sie können zu einem Weg des Erwachens werden, zu einem Lernfeld, das uns dazu antreibt, zu wachsen, unsere Authentizität wiederzuentdecken und ein erfüllteres, ausgeglicheneres und zutiefst befriedigendes Leben zu führen.

ZUSAMMENFASSUNG

EINFÜHRUNG

Heute lade ich Sie ein, durch die Erforschung der fünf Wunden der Seele eine Reise zum Herzen des Menschen zu unternehmen.

Diese Wunden, manchmal auch „primitive Wunden" genannt, sind nicht einfach nur psychologische Konzepte: Sie sind tief im Herzen und im Verstand jedes Einzelnen verwurzelt. Sie beeinflussen, wie wir die Welt, unsere Beziehungen, unsere Entscheidungen und sogar unsere Selbstwahrnehmung wahrnehmen.

Sie sind universell. Unabhängig von unserer Kultur, Geschichte oder unseren Lebensbedingungen begegnen wir ihnen alle irgendwann. Ihre Auswirkungen sind unsichtbar, aber sehr real und erklären, warum wir trotz unserer guten Absichten und Bemühungen bestimmte destruktive Muster wiederholen, unsere Impulse sabotieren oder uns in schweren Emotionen verfangen.

Diese Wunden entfernen uns von unserem wahren Potenzial, unserer tiefen Freude, unserer inneren Freiheit. Wenn sie nicht erkannt und verarbeitet werden, erzeugen sie Leid: Angst, Wut, Scham, Schuld… Aber wenn wir uns ihnen stellen, werden sie zu einem Weg des Erwachens und der Transformation.

In diesem Buch werden wir diese fünf Wunden einzeln untersuchen: Ablehnung, Verlassenheit, Verrat, Ungerechtigkeit und Demütigung. Wir werden sehen, wie sich jede einzelne davon äußert, woher sie kommt und vor allem, wie man einen Heilungsprozess einleitet.

Meine Absicht ist es nicht, Ihnen fertige Rezepte anzubieten, sondern Sie zu einer aufrichtigen Begegnung mit sich selbst einzuladen. Denn indem wir unsere Wunden verstehen, lernen wir, uns mit uns selbst zu versöhnen und einen Weg zu einem ausgeglicheneren, freieren und erfüllteren Leben zu öffnen.

DIE WUNDEN DER SEELE

Es war einmal ein Mensch wie jeder von uns, der mit einem tiefen Wunsch durchs Leben ging: zu lieben, geliebt zu werden und seinen rechtmäßigen Platz zu finden. Doch das Leben, in seiner Rolle als großer Lehrer, bescherte ihm schmerzhafte Erfahrungen, die sein Herz und seinen Verstand prägten. Diese Prüfungen hinterließen unsichtbare, aber sehr reale Narben, die er in seinen Beziehungen, seinen Entscheidungen und seinen Träumen mit sich trug. Wir alle kennen diese Narben: Sie sind die Wunden der Seele.

Ablehnung war das Erste. Ein Wort, ein Blick, ein Schweigen genügten, um ihn glauben zu lassen, dass er der Sache nicht gewachsen war, dass er nicht dazugehörte. Selbst umgeben von anderen fühlte er eine eisige Einsamkeit, die eines Außenseiters. Wie viele Menschen erleben diese innere Leere, die so weit geht, dass sie sich verstecken, ihre Präsenz minimieren und glauben, ihre Existenz sei wertlos?

Dann kam das Verlassenwerden. Es war nicht nur die physische Abwesenheit, sondern auch die emotionale, die noch schmerzhafter war. Da sein, aber nicht gesehen werden. Existieren, ohne erkannt zu werden. Eines Abends fand er sich allein wieder, seiner Traurigkeit hingegeben, und dieser Eindruck wurde zu einer tiefsitzenden Angst: der Angst, immer zurückgelassen zu werden. So entstehen emotionale Abhängigkeiten, Bindungen, die mehr einsperren als befreien.

Verrat erschütterte sein Vertrauen. Er kam von denen, die er für loyal hielt, von denen, die seinen sicheren Hafen bewohnten. Sie kehrten ihm den Rücken zu, seine Hoffnungen wurden zerstört, und der fragile Hort des Vertrauens zerbrach. Von da an fiel es ihm schwer, sich zu öffnen und wieder zu glauben, und Misstrauen begann seine Beziehungen zu bestimmen.

Dann traf ihn die Ungerechtigkeit. Seine Bemühungen wurden zurückgewiesen, seine Ideale missachtet und manchmal erhielt er Strafen, die er nicht verdiente. Dieses Gefühl der Hilflosigkeit weckte in ihm dumpfe Wut, aber auch innere Starrheit. Wie so viele andere lernte er, sich hinter der Maske des Perfektionismus zu verstecken, in der Hoffnung, durch seine Rechtschaffenheit das Gleichgewicht in einer Welt wiederherzustellen, die er als zutiefst ungerecht empfand.

Schließlich berührte die Demütigung seine innerste Würde. Durch Worte und Taten versuchten die Menschen, ihn herabzusetzen und ihm einzureden, er sei nicht würdig. Ein Schleier der Scham bedeckte sein Herz und trübte sein inneres Licht. Manche verstummen und vergehen nach einer solchen Verletzung; andere werden wütend und rebellieren, doch der Schatten der Scham verfolgt sie immer noch.

Diese fünf Wunden – Ablehnung, Verlassenheit, Verrat, Ungerechtigkeit und Demütigung – sind keine Einzelfälle. Sie bilden eine universelle Sprache menschlichen Leidens. Jeder Mensch trägt irgendwann einmal ihre Spuren. Sie beeinflussen, wie wir uns selbst wahrnehmen, mit anderen umgehen und auf Ereignisse reagieren. Sie sind wie unsichtbare Filter, durch die wir die Welt betrachten.

Auch Sie tragen diese Wunden. Manche berühren Sie vielleicht mehr als andere. Vielleicht erinnern Sie sich noch an den Tag Ihrer Zurückweisung, an den Moment, als Sie das Gefühl hatten, man hätte Ihnen den Rücken zugekehrt, an den Moment, als Sie gedemütigt wurden. Oder vielleicht erleben Sie diese Wunden auf subtilere Weise, durch Ihre tiefsten Ängste, Ihre heftigsten Reaktionen, Ihre hartnäckigsten Blockaden.

Sie sind zwar schmerzhaft, aber sie sind keine
Verurteilung. Jede von ihnen enthält auch eine Einladung.
Hinter Ablehnung verbirgt sich der Ruf, den eigenen Wert
zu erkennen. Hinter Verlassenheit verbirgt sich das Lernen
innerer Sicherheit. Hinter Verrat verbirgt sich die Chance,
Selbstvertrauen und Urteilsvermögen zu entwickeln.
Ungerechtigkeit kann der Weg zu Akzeptanz und
Mitgefühl sein. Und Demütigung öffnet den Weg zu
Würde und Selbstliebe.

In diesem Buch tauchen wir gemeinsam in das Herz dieser
Wunden ein. Wir werden sehen, wie sie entstehen, wie sie
unser Verhalten prägen und vor allem, wie wir sie in
Stärken umwandeln können. Wir werden konkrete Wege –
psychologische, spirituelle und praktische – erkunden, um
sie zu verstehen und zu überwinden. Denn seine Wunden
zu verstehen bedeutet nicht, sich vor ihnen zu
verschließen, sondern zu lernen, sich von ihnen zu
befreien.

Dieser Weg ist also nicht nur ein Weg des Schmerzes,
sondern einer der Versöhnung mit sich selbst. Indem Sie
Ihre Wunden entdecken, werden Sie auch Ihre
verborgenen Stärken entdecken und vielleicht die schönste
Wahrheit von allen: Sie werden nicht durch Ihre Narben
definiert, sondern durch das Licht, das dahinter leuchtet.

DIE WUNDE DER ABLEHNUNG

Von allen seelischen Wunden ist Ablehnung zweifellos eine der tiefsten. Sie berührt den Kern unserer Identität, denn sie untergräbt unser lebenswichtiges Bedürfnis nach Zugehörigkeit, nach Akzeptanz, so wie wir sind. Ablehnung bedeutet, die implizite Botschaft zu erhalten, dass unsere Existenz störend ist, dass unsere Anwesenheit wertlos ist. Nur wenige Leiden hinterlassen so eindringliche Spuren.

Oftmals wurzelt diese Wunde in der Kindheit. Ein distanzierter Elternteil, der mit seinen eigenen Schwierigkeiten beschäftigt ist, ein Bruder oder eine Schwester, die mehr Aufmerksamkeit auf sich ziehen, eine scheinbar banale, aber wiederholte Aussage: „Du bist nicht wie die anderen", „Du bist zu viel", „Du bist nicht genug". Für das Kind, das die Komplexität der Erwachsenenwelt noch nicht versteht, werden diese Signale als Ablehnung seines gesamten Wesens wahrgenommen. Dabei spielt es keine Rolle, ob die Eltern ihr Kind wirklich lieben: Wenn sich das Kind ausgeschlossen, ignoriert oder in seiner Authentizität unwillkommen fühlt, vertieft sich die Wunde.

Auch im Erwachsenenalter manifestiert sich Ablehnung in vielfältiger Form. In Freundschaften, in der Liebe, bei der Arbeit – sie äußert sich auf unterschiedliche Weise: in einem Blick, der uns ausweicht, einer Tür, die sich schließt, einem Schweigen, das uns ausschließt. Der empfundene Schmerz steht oft in keinem Verhältnis zur Situation, da er die alte Erinnerung an das verletzte Kind reaktiviert. Wer die Wunde der Ablehnung mit sich trägt, lebt oft mit dem Gefühl, „zu viel" zu sein, und um sich zu schützen, macht er sich unsichtbar. Er spricht wenig, nimmt wenig Raum ein, verschwindet. Er zieht es vor, zu verschwinden, anstatt erneut zu leiden.

Doch dieser Mechanismus der Selbstverleugnung, der kurzfristig zwar schützend wirkt, wird langfristig zur Falle. Denn je mehr wir versuchen, Ablehnung zu vermeiden, desto mehr isolieren wir uns und desto mehr bestätigen wir uns in dem Gefühl, nicht dazuzugehören. Dies führt zu einer Spirale aus Isolation, Einsamkeit und manchmal sogar Depression. Die Wunde der Ablehnung kann sich auch in Überempfindlichkeit äußern: Ein Wort, eine Kritik, ein Schweigen nehmen immense Ausmaße an, als ob jedes Detail eine Bestätigung dieser gefürchteten Ablehnung wäre.

Die Folgen sind nicht nur psychologischer Natur. Ablehnung kann den Körper belasten: Anspannung, chronische Angst, Schlafstörungen, sogar Somatisierungen. Als ob der Körper selbst ausdrücken würde, was die Seele nicht sagen kann: „Ich habe Angst, nicht geliebt zu werden."

Doch diese Wunde, so schmerzhaft sie auch sein mag, ist nicht unvermeidlich. Sie birgt einen tiefen Ruf in sich: den, sich selbst zu erkennen. Denn hinter der Ablehnung verbirgt sich eine Wahrheit: Wir suchen Bestätigung von außen, die wir lernen müssen, uns selbst zu geben. Die Heilung von Ablehnung erfordert die Akzeptanz der eigenen Existenz und den Mut, trotz Angst bei sich selbst zu bleiben. Sie erfordert die Versöhnung mit der eigenen Geschichte, aber vor allem das Erlernen einer neuen inneren Stimme: „Ich verdiene es zu existieren. Ich bin es wert, hier zu sein. Mein Wert hängt nicht von der Meinung anderer ab.“

Hilfsmittel können diesen Weg begleiten. Therapeutisches Schreiben ermöglicht es Ihnen beispielsweise, die Erinnerungen an erlebte Ablehnung zu Papier zu bringen und Ihre Geschichte aus einer erwachsenen und fürsorglichen Perspektive neu zu schreiben. Geführte Meditation hilft Ihnen, sich wieder mit Ihrer eigenen Präsenz zu verbinden und zu spüren, dass Sie unabhängig vom Urteil anderer existieren. Das tägliche Üben einfacher Affirmationen wie: „Ich habe das Recht, ich selbst zu sein“, „Ich entscheide mich, meinen Platz einzunehmen“, kann Ihre Selbstwahrnehmung allmählich verändern.

Die Wunde der Ablehnung lädt uns ein, uns selbst das zu geben, was wir immer von anderen erwartet haben: Anerkennung unseres Wertes, die Erlaubnis, voll zu existieren. Wenn wir diese Wahrheit annehmen, hört Ablehnung auf, eine Verurteilung zu sein, und wird zu einem Tor zum Erwachen. Sie lehrt uns, dass unser Platz in dieser Welt nicht von der Meinung anderer abhängt, sondern von der inneren Gewissheit, dass wir das Recht haben zu sein, einfach weil wir leben.

DER PHYSISCHE ASPEKT DER ABSTOSSUNGSWUNDE

Der Körper ist oft ein Spiegel unserer inneren Wunden. Ein Mensch, der von Ablehnung geprägt ist, bildet da keine Ausnahme: Seine Haltung, sein Blick, seine Körperhaltung verraten manchmal, was seine Worte verschweigen. Ohne es zu merken, vermitteln sie der Welt einen Eindruck von Selbstverleugnung, als wollten sie möglichst wenig Raum einnehmen.

Sie neigt dazu, sich körperlich zurückzuziehen. Ihr Rücken ist leicht gebeugt, als wolle sie sich schützen, ihr Blick ist unstet, ihr Gesicht verschlossen oder teilnahmslos. Ihre hängenden Schultern spiegeln diese innere Last wider: das Gefühl, nicht genug zu sein, die Angst, nicht begehrt zu werden. Ihre Atmung ist oft flach und angehalten, als sollte jeder Atemzug unbemerkt bleiben.

Diese Abwehrhaltung ist selten bewusst. Sie entwickelt sich mit der Zeit aus der Angst, zu stören oder zu viel Platz einzunehmen. Viele Menschen, die durch Zurückweisung verletzt sind, sprechen leise, vermeiden es, sich in den Vordergrund zu drängen und kleiden sich dezent, als wollten sie mit dem Hintergrund verschmelzen. In einer Gruppe neigen sie dazu, im Hintergrund zu bleiben und zu beobachten, anstatt sich durchzusetzen.

Es gibt auch eine Form permanenter Anspannung. Der Körper scheint angespannt, bereit, sich bei der geringsten Bedrohung zurückzuziehen. Manche Menschen entwickeln aufgrund dieser inneren Anspannung sogar körperliche Schmerzen: Rückenschmerzen, Nackenverspannungen, Migräne, Verdauungsprobleme. Es ist, als hätte sich der gesamte Körper an einen Abwehrzustand gewöhnt.

Neben der Körperhaltung verrät auch das Gesicht diese Verletzung.
 Die Gesichtszüge mögen hart oder verschlossen wirken, doch in Wirklichkeit spiegeln sie oft eine tiefe Verletzlichkeit wider. Der Blick weicht manchmal dem des anderen aus, als hätte er Angst, eine weitere Ablehnung zu lesen. Bei anderen hingegen erkennen wir im Blick eine Suche nach Zustimmung, die jedoch mit der ständigen Angst vor Ablehnung einhergeht.

Es ist wichtig zu verstehen, dass diese körperlichen Manifestationen nicht unvermeidlich sind. Der Körper spiegelt unsere emotionale Geschichte wider, kann aber auch ein Verbündeter bei der Heilung sein. Lernen, unsere Haltung sanft aufzurichten, tief zu atmen und selbstbewusster zu gehen – das sind kleine Gesten, die dem Gehirn die gegenteilige Botschaft senden: „Ich gehöre dazu, ich kann den Raum einnehmen."

Wenn sich die Wunde der Ablehnung im Körper
ausdrückt, ist sie nicht nur ein Zeichen des Leidens: Sie
wird auch zu einem Aufruf. Ein Aufruf, den eigenen
Körper wieder zu bewohnen, ihn nicht länger als eine
Last zu betrachten, die es zu verbergen gilt, sondern als
einen wertvollen Verbündeten, der uns hilft, uns mit uns
selbst zu versöhnen und unseren rechtmäßigen Platz in
der Welt einzunehmen.

LÖSUNGEN ZUR ÜBERWINDUNG DER „ABLEHNUNGSWUNDE"

Die Wunde der Ablehnung ist schmerzhaft, aber sie ist keine Verurteilung. Sie kann verstanden, geheilt und transformiert werden. Heilung geschieht nicht über Nacht, sondern in mehreren Schritten, geprägt von Geduld und Sanftmut gegenüber sich selbst. Hier sind einige wichtige Tipps.

1. Geben Sie sich Zeit und Raum

Ablehnung führt oft zu Selbstverleugnung oder einer verzweifelten Suche nach externer Bestätigung. Der erste Schritt besteht darin, wieder zu lernen, sich selbst wertzuschätzen. Gönnen Sie sich Momente nur für sich selbst: einen Spaziergang in der Natur, ein Bad, ein Buch, eine sorgfältig zubereitete Mahlzeit. Diese Momente sind kein Luxus: Sie sind eine Möglichkeit, Ihrer Seele zu sagen: „Ich schätze mich selbst.“

2. Akzeptieren Sie Ihre Verletzlichkeit

Die Wunde der Ablehnung ist beängstigend, weil sie unsere Zerbrechlichkeit offenbart. Doch diese Verletzlichkeit zu akzeptieren, anstatt davor wegzulaufen, ist ein Schlüssel zur Heilung. Nehmen Sie sich Zeit, auf Ihre Gefühle zu hören, auch auf die, die unangenehm erscheinen. Schreiben Sie Ihre Gefühle in ein Tagebuch und lassen Sie den Tränen freien Lauf, wenn sie kommen. Verletzlichkeit ist keine Schwäche: Sie ist ein Tor zur Authentizität.

3. Stärken Sie Ihr Selbstwertgefühl

Ablehnung lässt uns glauben, wertlos zu sein. Deshalb ist es wichtig, unsere Qualitäten wiederzuerkennen. Schreiben Sie jeden Tag drei Dinge auf, die Sie getan haben und auf die Sie stolz sein können, auch wenn sie unbedeutend erscheinen. Feiern Sie Ihre Fortschritte, Ihre Bemühungen, Ihre Begeisterung. Indem Sie lernen, sich selbst wertzuschätzen, hören Sie auf, sich ausschließlich auf die Meinung anderer zu verlassen.

4. Suchen Sie fürsorgliche Unterstützung

Einsamkeit ist der Ort, an dem die Wunden der Ablehnung gedeihen. Einen Freund, einen geliebten Menschen oder jemanden, dem man vertraut und mit dem man reden kann, zu haben, ist eine wertvolle Ressource. Einfach nur gehört zu werden, ohne Vorurteile, in einem sicheren Raum, heilt allmählich das Gefühl, unsichtbar zu sein. Wenn Sie diese Unterstützung in Ihrem Umfeld nicht finden, kann eine Therapie oder eine Selbsthilfegruppe helfen.

5. Grenzen setzen und toxische Beziehungen beenden

Einer der wichtigsten Schritte besteht darin, zu erkennen, dass man Respekt verdient. Manchmal bedeutet das, sich von denen zu distanzieren, die die eigenen Gefühle herunterspielen, einen kleinreden oder einen nicht mit Würde behandeln. „Nein" zu sagen bedeutet nicht, andere abzulehnen; es bedeutet, sich selbst nicht mehr abzulehnen.

6. Drücken Sie Ihren Schmerz kreativ aus

Ablehnung hält Emotionen gefangen, die fließen müssen. Kunst in all ihren Formen ist ein Kanal der Befreiung. Malen, Schreiben, Musik, Tanzen: Lassen Sie Ihre Emotionen durch Kreativität zum Leben erwachen. Es ist nicht nur beruhigend, sondern verwandelt Schmerz in etwas Schönes und Sinnvolles.

7. Empathie und Mitgefühl fördern

Ein Paradox der Heilung besteht darin, dass wir, je mehr wir lernen, die Wunden anderer zu erkennen, desto mehr lernen wir, unsere eigenen zu akzeptieren. Zuhören zu lernen und zu verstehen, dass jeder oft aus seinen eigenen Wunden heraus handelt, hilft uns, die Dinge ins rechte Licht zu rücken. Empathie für andere fördert Mitgefühl für sich selbst.

Die Wunden der Ablehnung zu heilen, ist ein Weg zur Selbstakzeptanz. Es erfordert Mut, bietet aber im Gegenzug ein immenses Geschenk: die Freiheit zu existieren, ohne sich verstecken zu müssen. Jeder kleine Schritt, jeder Akt der Selbstliebe ist ein Sieg. Und denken Sie daran: Sie gehörten immer dazu, Sie waren nie „im Weg".

2. DIE WUNDE DES VERLASSENWERDENS

Die Wunde des Verlassenwerdens ist eine der schmerzhaftesten, da sie unser grundlegendes Bedürfnis nach Sicherheit und Bindung direkt betrifft. Sie manifestiert sich, wenn wir das Gefühl haben, allein gelassen zu werden, ohne Liebe oder Unterstützung, manchmal abrupt, manchmal subtil, aber wiederholt.

In der Kindheit kann es durch die unterschiedlichsten Situationen entstehen: den Tod eines Elternteils, eine Scheidung, einen Elternteil, der zu sehr mit seinen eigenen Problemen beschäftigt ist, um anwesend zu sein, oder einfach einen Mangel an regelmäßiger Aufmerksamkeit. Das Kind, das völlig auf die Anwesenheit eines Erwachsenen angewiesen ist, empfindet jede Abwesenheit als Bedrohung für sein Überleben. Selbst liebevolle, aber oft beschäftigte Eltern können bei ihrem Kind den Eindruck hinterlassen: „Ich bin nicht wichtig genug, um gesehen zu werden."

Im Erwachsenenalter reaktiviert sich diese Wunde in emotionalen Beziehungen. Betroffene leben mit einer tiefsitzenden Angst: der Angst, allein gelassen, vergessen oder ersetzt zu werden. In einer Beziehung kann sich dies in emotionaler Abhängigkeit, einem ständigen Bedürfnis nach Bestätigung oder sogar übermäßiger Eifersucht äußern. In Freundschaften oder am Arbeitsplatz kann die geringste Distanz als Zeichen der Ablehnung empfunden werden. Diese Überempfindlichkeit führt oft zu Missverständnissen und verstärkt das Gefühl der Isolation.

Verlassenwerden verursacht auch große Traurigkeit.
Betroffene fühlen sich oft leer, als könne nichts und
niemand die Leere füllen. Sie entwickeln oft eine so starke
Angst vor Einsamkeit, dass sie lieber in unbefriedigenden,
ja sogar toxischen Beziehungen bleiben, als das Risiko
einzugehen, allein zu sein. Manche verfallen in
selbstzerstörerisches Verhalten: Drogenmissbrauch, Sucht
und co-abhängige Beziehungen.
Körperlich äußert sich diese Verletzung in einer gebeugten
Haltung, Energielosigkeit und Kurzatmigkeit. Der gesamte
Körper scheint die emotionale Erschöpfung desjenigen
widerzuspiegeln, der mit der Angst vor dem
Verlassenwerden lebt.

Doch wie alle Wunden der Seele birgt auch die des
Verlassenwerdens eine Lektion in sich. Sie drängt uns, das
zu finden, was wir immer im Außen gesucht haben: innere
Präsenz. Sie lädt uns ein, unsere eigene Stütze zu werden
und zu entdecken, dass wir selbst unsere erste Zuflucht
sein können. Verlassenwerden enthüllt in Wirklichkeit eine
Illusion: Wir haben geglaubt, unser Leben sei
ausschließlich von anderen abhängig, während wahre
Sicherheit aus der innigen Beziehung zu uns selbst
entsteht.

Die Heilung von Verlassenheit erfordert mehrere Schritte.
Zunächst muss man die Angst dahinter erkennen: die
Angst vor der Einsamkeit. Dann muss man diese
Einsamkeit Schritt für Schritt zähmen, nicht länger als
Leere, sondern als Raum, zu sich selbst zurückzukehren.
Dies kann durch einfache Rituale geschehen: ein paar
Minuten in Stille meditieren, die eigenen Gefühle in einem
Tagebuch festhalten, lernen, Momente des Alleinseins zu
genießen, ohne sie mit Strafe zu assoziieren.

Auch die Stärkung des Selbstwertgefühls ist wichtig:
Indem man sich täglich an seine guten Eigenschaften
erinnert und sich selbst kleine Liebesbeweise schenkt, lernt
man, dieses Bedürfnis nach Aufmerksamkeit nach und
nach zu stillen. Auch ein fürsorglicher Kreis von
Unterstützern ist hilfreich: Wenn man seine Ängste mit
Menschen teilt, denen man vertraut, erkennt man, dass
man nicht zur Isolation verdammt ist.

Die Wunde des Verlassenwerdens, so schmerzhaft sie auch
sein mag, ist kein Selbstzweck. Sie ist eine Einladung, eine
tiefe Wahrheit wiederzuentdecken: Wir sind nie wirklich
allein, wenn wir lernen, in unserer eigenen Gesellschaft zu
sein. Dieser Weg zur emotionalen Autonomie öffnet die
Tür zu ausgeglicheneren Beziehungen, die nicht auf der
Angst vor Verlust, sondern auf der Freude am Teilen
basieren.

DER PHYSISCHE ASPEKT DER VERLASSENHEITSWUNDE

Der Körper verrät oft, was der Geist zu verbergen versucht. Bei Menschen, die die Wunde des Verlassenwerdens tragen, beobachten wir eine zusammengesunkene Haltung, als würde sich die Lebensenergie zurückziehen. Die Schultern hängen herab, der Blick ist manchmal unschlüssig und die Stimme kann leise, fast verschlossen wirken. Ihre gesamte Haltung vermittelt den Eindruck eines Wesens, das unbewusst nach Aufmerksamkeit oder Schutz sucht.

Manche Menschen nehmen unbewusst einen zögerlichen Gang an, als könnte jeder Schritt sie in eine neue Einsamkeit führen. Andere zeigen ein von Traurigkeit gezeichnetes Gesicht, einen Ausdruck der Melancholie, der sie nie verlässt. Wir bemerken auch eine Tendenz, körperlichen Kontakt zu suchen, manchmal beharrlich: eine Geste, eine Umarmung, eine Hand, die länger als gewöhnlich gehalten wird. Es ist, als wolle ihr Körper durch seine Gesten sagen: „Verlass mich nicht, bleib in meiner Nähe."

Körperlich kann diese Verletzung auch zu chronischer Müdigkeit, einem Mangel an Vitalität oder Störungen des Nervensystems (Angstzustände, Panikattacken, Schlaflosigkeit) führen. Der ganze Körper drückt die tiefe Angst vor Abwesenheit und die Schwierigkeit aus, sich sicher zu fühlen.

Auf spiritueller Ebene konfrontiert uns die Wunde des Verlassenseins mit der Illusion, dass unsere Existenz ausschließlich von anderen abhängt. Sie unterstreicht unsere Angst vor der Einsamkeit und treibt uns an, sie zu überwinden. Denn in Wirklichkeit ist Einsamkeit keine Leere: Sie ist ein Raum, in dem wir uns selbst, unserer Seele und sogar dem Göttlichen begegnen können.

Wer unter Verlassenheit leidet, lernt, dass niemand von außen diese innere Leere vollständig füllen kann. Verlassenheit lädt uns ein, innere Sicherheit in uns selbst aufzubauen und zu entdecken, dass wir unsere eigene Zuflucht sein können. Auf spiritueller Ebene wird diese Wunde zu einer Chance, an Autonomie, Selbstliebe und Verbundenheit mit etwas Größerem als der Menschheit zu wachsen: dem Leben, der Natur, dem Universum, Gott, je nach den eigenen Überzeugungen.

So wird aus einer Tragödie eine Initiation. Die Seele lernt, dass wahre Präsenz nicht nur von anderen abhängt: Sie ist in erster Linie ein innerer Zustand.

LÖSUNGEN ZUR ÜBERWINDUNG DER „WUNDE DES VERLASSENWERDENS"

Die Heilung von Verlassenheit ist kein sofortiger Prozess. Es ist ein Prozess der Geduld, der inneren Versöhnung und des Wiedererlernens von Vertrauen. Hier finden Sie eine Reihe sich ergänzender Ansätze, die Psychologie, Wellness-Praktiken und Spiritualität verbinden.

1. Einsamkeit zähmen

Einsamkeit wird von Menschen, die von Verlassenheit geprägt sind, als Bedrohung erlebt. Der erste Schritt zur Heilung besteht darin, sie in einen Verbündeten zu verwandeln. Anstatt davor wegzulaufen, gönnen Sie sich freiwillig ausgewählte und sichere Momente der Einsamkeit: einen Nachmittag mit Lektüre im Café, einen Spaziergang im Wald, eine stille Meditationssitzung. Anfangs mögen diese Momente unangenehm erscheinen, doch nach und nach werden sie zu Räumen innerer Freiheit.

2. Schaffen Sie ein Ritual der Selbstpräsenz

Die Angst vor dem Verlassenwerden entsteht durch das Gefühl, allein und orientierungslos zu sein. Tägliche Rituale helfen, diese innere Sicherheit zu stärken. Beispiele hierfür sind:

Schreiben Sie jeden Morgen Ihre Absichten für den Tag auf,

üben Sie abends Dankbarkeit (notieren Sie drei positive Erlebnisse),

oder atmen Sie einfach fünf Minuten lang bewusst und halten Sie dabei eine Hand auf Ihrem Herzen.

Diese einfachen Gesten senden eine starke Botschaft an Ihr Unterbewusstsein: „Ich bin für mich da."

3. Entwickeln Sie emotionale Autonomie

Verlassenheit führt zu einer übermäßigen Abhängigkeit von den Blicken anderer. Um sich davon zu befreien, ist es wichtig, die eigenen emotionalen Bedürfnisse zu nähren. Gönnen Sie sich persönliche Freuden: Kochen Sie ein Essen, das Ihnen schmeckt, widmen Sie sich einer künstlerischen oder sportlichen Aktivität. Kreativität (Musik, Tanz, Malerei, Schreiben) ist besonders befreiend, weil sie es Ihnen ermöglicht, Verborgenes auszudrücken, ohne auf externe Bestätigung zu warten.

4. Stärken Sie Ihr Selbstwertgefühl und Ihre Identität

Eine der Folgen von Verlassenheit ist der Glaube, ohne den anderen wertlos zu sein. Arbeiten Sie täglich daran, Ihre Qualitäten zu erkennen. Führen Sie ein Notizbuch, in dem Sie Ihre Erfolge, Ihre Bemühungen und Ihre mutigen Taten notieren. Wiederholen Sie positive Affirmationen für sich selbst, wie zum Beispiel:

„Ich verdiene Liebe und Anwesenheit."

- „Mein Wert ist unabhängig von der Anerkennung anderer."

„Ich kann auf mich selbst zählen."

5. Suchen Sie fürsorgliche Unterstützung

Die Wunde des Verlassenwerdens isoliert, doch der Weg zur Heilung muss nicht allein beschritten werden. Suchen Sie sich Menschen, die Ihnen zuhören und Sie respektieren: einen Freund, einen geliebten Menschen, einen Therapeuten, eine Selbsthilfegruppe. Das Teilen Ihrer Gefühle, das laute Aussprechen, hilft, den Teufelskreis aus Schweigen und Einsamkeit zu durchbrechen.

6. Grenzen setzen und sich vor toxischen Beziehungen schützen

 Menschen, die von Verlassenheit betroffen sind, neigen oft dazu, unausgewogene Beziehungen zu akzeptieren, aus Angst, den anderen zu verlieren. Doch zu lernen, „Nein" zu sagen und sich nicht misshandeln oder herabsetzen zu lassen, ist ein wichtiger Schritt. Sich von Menschen zu distanzieren, die den eigenen Freiraum und die eigene Würde nicht respektieren, bedeutet auch, sich selbst nicht aufzugeben.

7. Arbeite am inneren Kind

 Die Wunde des Verlassenwerdens ist eng mit dem inneren Kind verbunden, das sich einst allein fühlte. Schließen Sie die Augen, stellen Sie sich das Kind vor, das Sie waren, und sprechen Sie ihm beruhigende Worte zu: „Du bist nicht mehr allein, ich bin hier bei dir." Geführte Visualisierungsübungen oder Meditation über das innere Kind können diese Erinnerung an den Verlust tief lindern.

8. Körperliche Verankerung pflegen

 Wenn wir mit der Angst vor dem Verlassenwerden leben, neigen wir dazu, in der Angst zu schweben. Der Körper kann uns Halt geben. Üben Sie Erdungsübungen: Gehen Sie barfuß, spüren Sie Ihren Halt auf dem Boden, atmen Sie tief in den Bauch. Yoga, Qigong oder auch Tanzen sind kraftvolle Verbündete, um durch den Körper innere Sicherheit zu finden.

9. Verwandeln Sie die Beziehung zur Einsamkeit in Spiritualität

Hingabe kann eine Gelegenheit sein, eine andere Form der Präsenz zu entdecken: die des Lebens, des Göttlichen, des Universums, entsprechend Ihren Überzeugungen. Meditieren, Beten, die Betrachtung der Natur, sich der spirituellen Dimension der Existenz öffnen, erinnert uns daran, dass wir nie wirklich allein sind. Hinter der menschlichen Abwesenheit existiert immer eine größere, unendlich wohlwollende Präsenz.

10. Trauen Sie sich, wieder gesunde Beziehungen einzugehen

Nach Erfahrungen des Verlassenwerdens besteht die Versuchung darin, sich abzuschotten, um nicht länger zu leiden. Doch Heilung bedeutet auch, gesunde Beziehungen wieder aufzubauen. Lernen Sie, sich mit respektvollen Menschen zu umgeben und ausgewogene Beziehungen aufzubauen, in denen Anwesenheit nicht erforderlich, sondern freiwillig gewählt wird. Nach und nach entsteht neues Vertrauen.

Durch die Kombination dieser Praktiken hört die Wunde des Verlassenwerdens auf, eine Verurteilung zu sein. Sie wird zu einer Schule des Lebens. Eine Einladung, innere Sicherheit aufzubauen, zu seiner eigenen Zuflucht zu werden und Beziehungen einzugehen, in denen Liebe frei und ohne Angst vor Verlust geteilt wird.

3. DIE WUNDE DES VERRATS

Die Wunde des Verrats ist eine der tiefsten und herzzerreißendsten, die wir erfahren können. Sie beeinträchtigt nicht nur unser Vertrauen in andere, sondern auch unsere innere Sicherheit, unser Gefühl der Treue und manchmal sogar unser Selbstwertgefühl. Verrat ist ein Bruch der Loyalität, ein Zusammenbruch des fragilen Bandes, das zwei Menschen durch Vertrauen verbindet.

Oftmals wird dieser Schmerz von den Menschen verursacht, die uns am nächsten stehen: ein untreuer Ehepartner, ein Freund, der uns den Rücken kehrt, ein Elternteil, der ein Versprechen nicht gehalten hat. Weil er von den Menschen ausgeht, denen wir unser Herz geschenkt haben, empfinden wir ihn als unerträglichen Schlag.

Herkunft und Lebenserfahrungen
In der Kindheit kann die Wunde des Verrats entstehen, wenn sich ein Kind von der Autoritätsperson, die es eigentlich beschützen sollte, getäuscht oder nicht respektiert fühlt. Ein Elternteil, der Versprechen gibt, aber nie sein Wort hält, ein verratenes Wort, ein enthülltes Geheimnis: All das sind kleine Risse, die Zweifel säen.

Als Erwachsene nimmt diese Wunde viele Formen an: ein Partner, der die Treue bricht, ein Freund, der sein Versprechen bricht, ein Kollege, der unser Vertrauen missbraucht, um erfolgreich zu sein. Jeder Verrat lässt all die Verrat aus der Vergangenheit wieder aufleben, und der Schmerz wächst.

Psychologische und emotionale Folgen

Verrat löst einen inneren Sturm aus. Wir fühlen uns wütend, verletzt, traurig, hilflos und manchmal sogar schuldig, weil wir „vertraut" haben. Diese Wunde untergräbt unsere Fähigkeit, uns anderen hinzugeben und uns in Beziehungen sicher zu fühlen.

Viele Menschen, die durch Verrat verletzt wurden, entwickeln ein ständiges Misstrauen. Sie versuchen, alles zu kontrollieren, jedes Detail zu überprüfen und jede Eventualität vorherzusehen. Dieses Kontrollbedürfnis ist ein Schutzschild, um zu verhindern, dass der Schmerz erneut auftritt, doch letztendlich führt es dazu, dass die Person in einen erschöpfenden Zustand der Wachsamkeit gerät.

Hinzu kommt eine Mischung aus Schuld und Scham: „Wie konnte ich nur so naiv sein?" „Ich hätte die Zeichen erkennen müssen." Diese Schuld ist destruktiv, weil sie zu dem erlittenen Schmerz noch die Last der inneren Verurteilung hinzufügt.

DER PHYSISCHE ASPEKT DER VERRATSWUNDE

Körperlich manifestiert sich die Wunde des Verrats oft in Form von aufgestauter Spannung. Das Gesicht kann hart werden, der Kiefer verkrampft, die Schultern angespannt. Die Haltung vermittelt zwar den Eindruck von Stärke, ist aber oft eine Abwehrhaltung.

Manche entwickeln Störungen des Nervensystems: Angstzustände, Schlaflosigkeit, stressbedingte Bauchschmerzen. Das Bedürfnis nach Kontrolle spiegelt sich im Körper wider: Wir gehen schnell, wir sprechen schnell, wir wollen alles unter Kontrolle haben. Der Körper wird zum Schlachtfeld, auf dem sich die Angst ausdrückt, erneut getäuscht zu werden.

Die spirituelle Dimension des Verrats

Auf spiritueller Ebene lädt uns die Wunde des Verrats dazu ein, über die Natur des Vertrauens nachzudenken. Sie zeigt uns, dass es eine zerbrechliche Illusion ist, unsere gesamte Sicherheit außerhalb unserer selbst zu platzieren. Diese Wunde, so schmerzhaft sie auch sein mag, drängt uns dazu, tieferes Vertrauen zu entwickeln: das Vertrauen, das wir in uns selbst, in unsere eigene Intuition, in das Leben setzen.

Verrat kann zu einem Weg der Initiation werden, denn er lehrt uns, zu unterscheiden, ohne uns zu verschließen. Er ruft uns zu der Erkenntnis auf, dass Vergeben nicht Entschuldigung bedeutet, sondern unser Herz aus dem Gefängnis des Grolls befreit. Indem wir vergeben, billigen wir nicht die Taten des anderen; wir entscheiden uns lediglich, seine Last nicht länger zu tragen.

LÖSUNGEN ZUR ÜBERWINDUNG DER „VERRATSWUNDE"

Die Heilung von Verrat ist ein herausfordernder Prozess, da er eine der wertvollsten Grundlagen berührt: Vertrauen. Dieses Vertrauen wiederzugewinnen erfordert Zeit, Geduld und Arbeit auf vielen Ebenen. Hier sind einige umfassende Tipps für den weiteren Weg.

1. Schmerz erkennen und ausdrücken

Der erste Schritt besteht darin, den Schmerz nicht zu leugnen. Zu oft tun wir aus Stolz oder Angst vor Schwäche so, als wäre alles in Ordnung. Doch ihn zu unterdrücken, macht die Wunde nur noch schlimmer. Nehmen Sie sich die Zeit, Ihre Wut, Ihre Enttäuschung und Ihre Trauer auszudrücken. Schreiben Sie einen Brief (auch wenn Sie ihn nie abschicken), schreien Sie in ein Kissen, sprechen Sie mit jemandem, dem Sie vertrauen. Die Energie des Schmerzes muss raus, damit er sich nicht kristallisiert.

2. Fühlen Sie sich weniger schuldig

Nach einem Verrat neigen wir dazu, uns selbst die Schuld für unsere Naivität zu geben: „Ich hätte die Zeichen erkennen müssen", „Es ist meine Schuld, dass ich geglaubt habe." Aber nein: Vertrauen zu haben ist kein Fehler. Es war die andere Person, die sich für den Verrat entschieden hat. Schuld schützt dich nicht; sie sperrt dich ein. Heilung beginnt, wenn wir uns von dieser ungerechten Last befreien.

3. Lernen Sie wieder, sich selbst zu vertrauen

Verrat zerstört das Vertrauen nach außen, vor allem aber das Selbstvertrauen. Wir sagen uns: „Ich kann meinem Urteil nicht mehr trauen." Doch oft waren Intuitionen oder Signale da, aber wir haben nicht auf uns selbst gehört. Um zu heilen, ist es wichtig, sich wieder mit unserer Intuition zu verbinden. Treffen Sie täglich kleine Entscheidungen, indem Sie auf Ihre Gefühle hören (die Wahl eines Essens, einer Aktivität, eines Weges). Je mehr Sie Ihre Entscheidungen respektieren, desto mehr wird Ihr Selbstvertrauen wiederhergestellt.

4. Lernen Sie, Grenzen zu setzen

Ein Schlüssel zur Heilung ist das Setzen klarer Grenzen. Schenken Sie anderen nicht von Anfang an Ihr volles Vertrauen. Beobachten Sie, ob die Taten anderer ihren Worten entsprechen. Loyalität zeigt sich im Alltag, nicht nur in Worten. Grenzen setzen bedeutet, zu lernen, sich selbst zu schützen, ohne sich zu verschließen.

5. Arbeiten Sie am Kontrollbedürfnis

Nach einem Verrat entwickeln viele Menschen einen Kontrollzwang: Kontrollieren, Überwachen und Vorwegnehmen. Doch dieser Mechanismus ist erschöpfend und zerstört die Gelassenheit. Um voranzukommen, muss man ein gewisses Maß an Unerwartetem im Leben akzeptieren. Beginnen Sie mit kleinen Übungen: Delegieren Sie eine Aufgabe, akzeptieren Sie, dass Sie nicht alles wissen, üben Sie Aktivitäten aus, bei denen Sie nicht die vollständige Kontrolle haben (Tanz, Improvisation, Meditation). Nach und nach zähmen Sie die Unsicherheit, ohne dass sie zur Bedrohung wird.

6. Emotionen durch den Körper freisetzen

Der Körper behält die Erinnerung an den Verrat. Anspannung, Schlaflosigkeit und Bauchschmerzen spiegeln diesen Schock wider. Um zu heilen, beschäftige deinen Körper: Yoga, tiefes Atmen, Tai Chi, Laufen, Boxen … Finde eine Aktivität, bei der du angestauten Ärger loslassen kannst. Bewegung befreit den Geist von dem, worüber du grübelst.

7. Verwenden Sie therapeutisches Schreiben

Schreiben ist ein wirksames Mittel, um Wunden zu verarbeiten. Schreiben Sie Ihre Erinnerungen an den Verrat auf, beschreiben Sie die Szene, Ihre Gefühle und Ihre Gedanken. Schreiben Sie dann in einem zweiten Schritt die Szene neu und stellen Sie sich vor, Sie würden anders reagieren: mit mehr Kraft, Klarheit und Würde. Diese Arbeit ermöglicht es Ihnen, die Kontrolle über eine vergangene Situation zurückzugewinnen.

8. Verstehen Sie die Rolle des Verrats

Auf spiritueller Ebene dient Verrat oft als
Initiationsritus: Er lehrt uns, unsere Macht nicht länger
in die Hände anderer zu legen. Er lehrt uns
Urteilsvermögen, Wachsamkeit ohne Paranoia und die
Balance zwischen Offenheit und Besonnenheit. Die
Wunde wird dann zu einem Lehrer, der unsere innere
Reife prägt.

9. Arbeiten Sie an Vergebung als Befreiung

Vergebung wird oft missverstanden. Es geht nicht
darum, zu entschuldigen oder zu vergessen. Vergebung
bedeutet, sich zu entscheiden, Verrat nicht länger das
eigene Leben bestimmen zu lassen. Solange man Wut
hegt, ist es, als würde der Verräter einem jeden Tag
wehtun. Vergebung befreit nicht den anderen, sondern
einen selbst. Sie ist ein Geschenk, das man sich selbst
macht.

10. Vertrauen schrittweise wieder aufbauen

Verrat hinterlässt Narben, die Vertrauen erschweren.
Doch anstatt sich zu verschließen, geht es darum,
Vertrauen schrittweise wieder aufzubauen. Beginnen Sie
mit kleinen Dingen, achten Sie auf die Anzeichen von
Vertrauenswürdigkeit und lassen Sie die Zeit die
Beziehung festigen. Wahres Vertrauen ist nicht blind: Es
ist bewusst und gewählt.

11. Stellen Sie die Verbindung zu einer größeren Präsenz wieder her

 Verrat zerstört die menschliche Bindung, kann aber auch die Tür zu größerem Vertrauen öffnen: in das Leben, in das Universum, in Gott, in deinen Glauben. Meditation, Gebet und die Betrachtung der Natur sind allesamt Möglichkeiten, ein Gefühl der Sicherheit zurückzugewinnen, das über das Menschliche hinausgeht. Selbst wenn dich jemand verrät, weißt du, dass es eine größere Präsenz gibt, die dich immer begleitet.

12. Trau dich, wieder zu lieben

 Nach einem Verrat ist man versucht, sich zu verschließen und Mauern zu errichten. Doch wahre Heilung liegt in der Fähigkeit, trotz der Angst wieder zu lieben. Das ist keine Naivität, sondern eine enorme Stärke: die Kraft zu sagen: „Ich entscheide mich, mein Herz wieder zu öffnen, aber mit Bedacht."

4. DIE WUNDE DER UNGERECHTIGKEIT

Unter den seelischen Wunden nimmt die Ungerechtigkeit einen besonderen Platz ein. Sie entsteht nicht nur durch Ablehnung oder Verlassenwerden, sondern aus dem inneren Gefühl, dass Gerechtigkeit, Respekt und Wahrheit nicht gewürdigt werden. Sie entsteht immer dann, wenn ein Mensch spürt, dass seine Bemühungen, sein Wert oder seine Rechte nicht die Anerkennung finden, die sie verdienen.

Diese Wunde ist umso schmerzhafter, weil sie ein grundlegendes menschliches Streben angreift: den Wunsch nach Gerechtigkeit und Anerkennung. Wir alle brauchen das Gefühl, dass unsere Bemühungen wahrgenommen werden, dass unsere Stimme zählt und dass unsere Rechte respektiert werden. Wenn das nicht der Fall ist, reißt die Wunde der Ungerechtigkeit wieder auf und hinterlässt eine Mischung aus Wut, Frustration und Hilflosigkeit.

Herkunft und Lebenserfahrungen
Die Wunde der Ungerechtigkeit wurzelt sehr früh, oft in der Kindheit. Sie manifestiert sich in diesen Erfahrungen, die dem Kind das Gefühl geben, ungleich behandelt zu werden:
ein Elternteil, der sich ständig mit einem Bruder oder einer Schwester vergleicht („Schau, wie viel besser er ist als du"),
eine ohne triftigen Grund verhängte Strafe,
eine Emotion, die beiseitegeschoben wird („Hör auf, umsonst zu weinen"),
oder sogar eine ignorierte Anstrengung („Das ist nicht genug, du kannst es besser").

In manchen Familien sind die Anforderungen so hoch, dass sich das Kind nie „gut genug" fühlt. Alles muss perfekt sein, über jeden Zweifel erhaben. Fehler werden nicht als Lernerfahrung, sondern als Fehler angesehen. In diesem Umfeld verwurzelt sich die Überzeugung: „Um geliebt zu werden, muss ich ständig meinen Wert beweisen." So wächst das Kind mit der Vorstellung auf, das Leben sei grundsätzlich ungerecht, man werde nicht als das gesehen, was man ist, sondern nur nach dem beurteilt, was man tut.

Im Erwachsenenalter reaktivieren sich diese Verletzungen in vielen Situationen:
ein Kollege trotz weniger Arbeit befördert wurde,
ein Vorgesetzter, der Ihre Bemühungen minimiert,
ein romantischer Partner, der Ihre Bedürfnisse vernachlässigt,
oder eine Gesellschaft, die einige bevorzugt und andere ignoriert.

Jede neue Erfahrung erinnert an den alten Schmerz und verstärkt das bittere Gefühl: „Das ist nicht fair."

Psychologische und emotionale Folgen

Die Verletzung von Ungerechtigkeit erzeugt im Allgemeinen zwei gegensätzliche, aber miteinander verbundene Reaktionsweisen.

Revolte: Die Person wird empört, wütend und kämpft für ihre Rechte. Sie reagiert überempfindlich auf die geringste Ungleichheit und kann angesichts von Situationen, die anderen trivial erscheinen, explodieren. Wut, manchmal übermäßig, spiegelt Schmerz wider, der sich über einen langen Zeitraum angesammelt hat.

Starrheit: Andere wählen eine andere Strategie. Um nicht beurteilt zu werden, setzen sie eine Maske der Perfektion auf. Sie werden anspruchsvoll, starr und tadellos und hoffen, dass ihnen niemand jemals etwas vorwerfen kann. Doch hinter dieser makellosen Fassade verbirgt sich eine immense Verletzlichkeit und eine tiefe Angst: die Angst, nie für ihren wahren Wert anerkannt zu werden.

Diese beiden Haltungen, Aufruhr und Starrheit, sind in Wirklichkeit nur zwei Seiten derselben Medaille: die verzweifelte Suche nach Gerechtigkeit und Anerkennung.

Menschen, denen Ungerechtigkeit widerfährt, reagieren oft überempfindlich auf Vergleiche: Sie leiden, sobald sie das Gefühl haben, in Konkurrenz zu stehen. Bevorzugung oder Willkür können sie nur schwer ertragen. Auch Unvollkommenheiten – sowohl bei sich selbst als auch bei anderen – können sie nur schwer akzeptieren. Dies erweckt manchmal den Eindruck einer Überforderung, verbirgt aber in Wahrheit großes Leid.

Auf emotionaler Ebene führt diese Verletzung zu:
ein ständiges Gefühl, nicht gut genug zu sein,
latente oder explosive Wut,
eine wiederkehrende Frustration,
Schwierigkeiten, Bedürfnisse auszudrücken und
Verletzlichkeit zu zeigen.

Wenn Menschen ihre Emotionen zurückhalten, stumpfen sie oft innerlich ab. Sie schneiden sich von ihrer Sensibilität ab, um nicht zu leiden. Doch durch den Verlust ihrer Sensibilität schneiden sie sich auch von ihrer Freude ab.

DER PHYSISCHE ASPEKT DER VERLETZUNG DURCH UNGERECHTIGKEIT

Auf der körperlichen Ebene äußert sich diese Verletzung oft in einer aufrechten, starren, fast militärischen Haltung. Der Körper drückt das Bedürfnis aus, durchzuhalten, stark zu bleiben und nichts zu zeigen. Das Gesicht kann ernst, kontrolliert und ausdruckslos wirken.

Innere Anspannung führt oft zu Steifheit im Rücken und Nacken sowie zu tiefer, träger Atmung. Diese Menschen wirken manchmal streng, aber das ist eine Art Panzerung: Sie schützen sich vor immenser Sensibilität.

Die spirituelle Dimension der Ungerechtigkeit
Auf spiritueller Ebene konfrontiert uns die Wunde der Ungerechtigkeit mit einer Wahrheit: Das Leben ist nach unseren menschlichen Maßstäben nicht immer „gerecht". Doch sie lädt uns ein, unsere Perspektive zu erweitern: Hinter scheinbarer Ungerechtigkeit verbergen sich manchmal Lektionen, die uns wachsen lassen.

Diese Wunde lehrt uns Mitgefühl: Wir verstehen, dass jeder Mensch entsprechend seiner Bewusstseinsebene handelt und dass das, was uns ungerecht erscheint, manchmal Ausdruck der Wunden anderer ist. Sie lehrt uns auch, unsere Verletzlichkeit zu akzeptieren, die Maske des Perfektionismus abzulegen und uns wieder mit unserer tiefsten Menschlichkeit zu verbinden.

Heilung kommt, wenn wir verstehen, dass die ultimative Gerechtigkeit nicht von außen kommt: Es geht zunächst darum, uns selbst zu respektieren, unsere eigene Wahrheit zu ehren und uns das zu erlauben, was wir von der Welt erwarten.

LÖSUNGEN ZUR ÜBERWINDUNG DER „WUNDE DER UNGERECHTIGKEIT"

Der Schmerz der Ungerechtigkeit hinterlässt tiefe Spuren:
das Gefühl, nie für seinen wahren Wert anerkannt,
missverstanden, verurteilt oder unfair verglichen zu
werden. Er führt oft zu innerer Starrheit und einem
erschöpfenden Streben nach Perfektion. Doch es gibt viele
Möglichkeiten, diesen Schmerz in innere Stärke
umzuwandeln. Hier sind einige detaillierte Vorschläge.

1. Erkennen Sie Ihre Sensibilität

 Unter der Maske der Härte verbirgt sich immense
Sensibilität. Zu lange hast du gelernt, sie zu verbergen,
weil du glaubtest, es sei ein Zeichen von Schwäche, deine
Gefühle zu zeigen. Doch deine Tränen, deine Wut und
deine Traurigkeit sind legitim. Nimm dir die Zeit, sie zu
akzeptieren: Schreibe sie in ein Tagebuch, drücke sie
künstlerisch aus oder vertraue sie jemandem an, dem du
vertraust. Deine Sensibilität zu akzeptieren bedeutet, den
lebendigsten Teil deiner selbst zu rehabilitieren.

2. Körperliche Verspannungen lösen

 Der Körper von Menschen, die Unrecht erleiden, ist oft
steif, starr, fast „festgefahren". Diese ständige
Anspannung spiegelt das Bedürfnis wider, stark zu
bleiben. Üben Sie Aktivitäten, die Ihren Körper flexibler
machen: sanftes Yoga, Stretching, intuitiver Tanz. Das
Ziel ist nicht, „aufzutreten", sondern Ihre Bewegungen
wieder frei zu machen. Indem Sie lernen, Ihren Körper
flexibler zu machen, lernen Sie, Ihren Geist flexibler zu
machen.

3. Ruhiger Perfektionismus

Perfektionismus ist ein Schutzschild gegen Schmerzen:
„Wenn ich alles perfekt mache, kann mich niemand
kritisieren." Doch dieses Streben ist anstrengend und
unerfüllbar. Lernen Sie zu sagen: „So ist es jetzt", „Ich
habe mein Bestes gegeben." Tun Sie Dinge bewusst, ohne
das perfekte Ergebnis anzustreben: Malen Sie ohne Ziel,
kochen Sie ohne Rezept, schreiben Sie ohne
Korrekturlesen. Das trainiert das Gehirn,
Unvollkommenheit als Freiraum zu akzeptieren.

4. Neudefinition der inneren Gerechtigkeit

Anstatt nach externer Anerkennung zu streben, stellen Sie
sich die Frage: „Bin ich mir selbst treu?" Wahre
Gerechtigkeit bedeutet, sich an Ihren Werten, Ihren
Bedürfnissen und Ihren Grenzen auszurichten. Führen Sie
ein Notizbuch, in dem Sie jeden Tag eine noch so kleine
Tat notieren, bei der Sie sich selbst respektiert haben.
Nach und nach werden Sie feststellen, dass die wichtigste
Gerechtigkeit die ist, die Sie sich selbst gewähren.

5. Befreien Sie sich vom Vergleich

Die Wunde der Ungerechtigkeit wird durch Vergleiche
verstärkt: „Er hat mehr als ich", „Sie wird mehr
anerkannt." Jedes Mal, wenn Sie sich vergleichen, lenken
Sie Ihre Aufmerksamkeit wieder auf Ihren eigenen Weg:
„Meine Geschichte ist einzigartig, ich stehe nicht im
Wettbewerb." Dankbarkeit ist ein wirksames Gegenmittel:
Schreiben Sie jeden Tag drei Dinge auf, die Sie in Ihrem
Leben schätzen.

6. Üben Sie Mitgefühl

Ein Schritt zur Heilung besteht darin, zu verstehen, dass diejenigen, die uns ungerecht behandelt haben, oft aus ihren eigenen Wunden heraus handelten. Das rechtfertigt ihr Verhalten nicht, aber es hilft, den Ärger zu lindern. Wenn Sie an eine unfaire Situation denken, wiederholen Sie sich: „Ich entscheide mich, keinen Hass mehr zu hegen; ich entscheide mich für inneren Frieden."

7. Verwenden Sie therapeutisches Schreiben

Schreiben Sie über das Unrecht, das Sie erfahren haben. Beschreiben Sie, was passiert ist, Ihre Gefühle, Ihre Wunden. Schreiben Sie dann im zweiten Schritt einen Brief an die Person, die dieses Unrecht erlitten hat, um ihr den Trost zu spenden, den sie nicht erhalten hat: „Du warst nicht schuldig, du hattest Recht, so zu fühlen, wie du es gefühlt hast. Du verdienst Respekt und Liebe."

8. Entwickeln Sie faire Beziehungen

Umgib dich mit Menschen, die dich respektieren, dir zuhören und deinen Wert anerkennen. Lerne, „Nein" zu denen zu sagen, die dich vergleichen oder verurteilen. Grenzen zu setzen bedeutet, dir selbst gerecht zu werden.

9. Verbinden Sie sich wieder mit der Natur

Die Natur lehrt uns eine andere Form der Gerechtigkeit: das Gleichgewicht. Beobachten Sie einen Wald, einen Fluss, den Kreislauf der Jahreszeiten. Alles ist anders, aber alles hat seinen Platz. Indem Sie sich mit dieser Harmonie verbinden, lernen Sie, dass auch Sie einen rechtmäßigen Platz haben, ohne ihn ständig vergleichen oder verdienen zu müssen.

10. Arbeiten Sie an Vergebung als Befreiung

Vergebung löscht Ungerechtigkeit nicht aus, aber sie löst Wut. Solange man an einem Groll festhält, ist es, als würde man weiter leiden. Vergebung bedeutet nicht, sich selbst zu entschuldigen, sondern sich zu entscheiden, sich nicht mehr mit Groll zu vergiften. Es ist ein Akt der Gerechtigkeit sich selbst gegenüber.

11. Trauen Sie sich, Ihre Verletzlichkeit zu zeigen

Eine der Folgen dieser Verletzung ist, dass man sich hinter seiner Stärke versteckt. Trauen Sie sich, über Ihre Gefühle zu sprechen, um Hilfe zu bitten und Ihre Schwächen zu zeigen. Sie werden feststellen, dass Sie dadurch nicht schwach, sondern menschlicher und authentischer werden.

12. Öffnen Sie sich einer spirituellen Dimension

Die Wunde der Ungerechtigkeit kann auch durch die Entwicklung einer umfassenderen Sichtweise geheilt werden: Das Leben ist nach unseren Maßstäben nicht immer „gerecht", aber es lehrt uns immer etwas. Meditieren, Beten und die Betrachtung des Himmels oder der Sterne ermöglichen es uns, unsere persönlichen Wunden aus einer breiteren Perspektive zu betrachten. Ungerechtigkeit wird dann zu einer Chance zum Lernen und inneren Wachstum.

Die Wunde der Ungerechtigkeit lehrt uns, Starrheit in
Flexibilität, Wut in kreative Energie und Vergleiche in
Dankbarkeit umzuwandeln. Sie erinnert uns daran, dass die
wichtigste Anerkennung nicht die der Außenwelt ist,
sondern die, die wir uns selbst geben. Wenn wir lernen, uns
selbst voll und ganz zu respektieren, entdecken wir, dass
Gerechtigkeit nicht ein Gefallen ist, den wir von anderen
erwarten: Es ist eine Haltung, die wir uns selbst gegenüber
entwickeln.

5. DIE WUNDE DER DEMÜTIGUNG

Von allen Wunden der Seele ist die der Demütigung eine der schmerzhaftesten, weil sie die Würde und das Selbstbild direkt beeinträchtigt. Demütigung bedeutet, sich herabgesetzt, verspottet und der Verachtung anderer ausgesetzt zu sehen. Es bedeutet, die implizite Botschaft zu erhalten: „Du bist wertlos", „Du bist weniger wert als andere", „Du solltest dich schämen".

Herkunft und Lebenserfahrungen
Die Wunde der Demütigung entsteht oft in der Kindheit. Sie entsteht, wenn ein Kind wiederholt verspottet, herabgesetzt oder kritisiert wird. Einige Beispiele:
in der Schule vor den Mitschülern verspottet zu werden,
von einem Elternteil abgewertet zu werden („Du bist nutzlos", „Aus dir wird nie etwas"),
auf verletzende Weise verglichen zu werden („Schau dir deinen Bruder an, er ist wenigstens erfolgreich"),
oder sogar Situationen erleben, in denen die eigene Privatsphäre oder Fehler anderen gegenüber respektlos preisgegeben werden.
Das Kind ist nicht in der Lage, sich zu verteidigen und verinnerlicht eine tiefe Scham. Es wächst mit der Überzeugung auf, dass es gefährlich ist, seine Verletzlichkeit oder seine Fehler zu zeigen, weil es sich dadurch erneuter Demütigung aussetzt.

Als Erwachsene kann diese Wunde in vielen Situationen wieder aufbrechen: ein Partner, der uns mit seinen Worten herabwürdigt, ein Vorgesetzter, der uns öffentlich kritisiert, ein Freund, der unsere Leistungen herunterspielt, oder eine Gesellschaft, die Andersartigkeit stigmatisiert. Jedes Mal wird der alte Schmerz reaktiviert und die Scham dringt erneut in unser Herz ein.

Psychologische und emotionale Folgen

Die Wunde der Demütigung erzeugt ein tiefes Gefühl der Scham und Wertlosigkeit. Wer darunter leidet, hat oft das Gefühl, „zu viel" oder „nicht genug" zu sein: zu schwer, zu sensibel, nicht intelligent genug, nicht schön genug. Ihr Selbstwertgefühl ist zerbrechlich und kann durch ein einziges Wort zerstört werden.

Dabei treten häufig zwei gegensätzliche Verhaltensweisen auf:
Unterwerfung: Manche Menschen schweigen, ziehen sich zurück und passen sich übermäßig an, um nicht erneut gedemütigt zu werden. Sie tun alles, um zu gefallen, Konflikte zu vermeiden und nicht bloßgestellt zu werden.
Wut und Abwehrhaltung: Andere reagieren genau entgegengesetzt, indem sie angreifen, bevor sie angegriffen werden, indem sie kritisch sind oder andere herabsetzen, um sich nicht verletzlich zu fühlen.
In beiden Fällen trägt die Person große Angst vor Abwertung in sich und diese Angst bestimmt ihre Beziehungen.

Demütigung ist auch eng mit Schuldgefühlen verbunden: Wir fühlen uns schuldig, weil wir wir selbst sind, weil wir so existieren, wie wir sind. Es ist eine Wunde, die unser Selbstwertgefühl und unsere Fähigkeit, uns durchzusetzen, direkt beeinträchtigt.

DER PHYSISCHE ASPEKT DER DEMÜTIGUNGSWUNDE

Der Körper spiegelt diese Verletzung oft wider. Viele nehmen eine gekrümmte Haltung ein, als wollten sie sich verstecken. Das Gesicht kann traurig wirken, der Blick niedergeschlagen, die Stimme zögerlich. Der Körper drückt den unbewussten Wunsch aus, sich unsichtbar zu machen, um nicht aufzufallen.

Bei anderen hingegen beobachten wir eine „defensive" Haltung: das erhobene Kinn, der scharfe Ton, eine Haltung, die zu sagen scheint: „Niemand wird mich unterkriegen." Doch hinter dieser Fassade der Stärke verbirgt sich dieselbe Angst: die davor, herabgesetzt zu werden.

Auf körperlicher Ebene kann sich Scham auch in plötzlichem Erröten, Zittern und Panikattacken äußern, wenn man sich bloßgestellt fühlt.

Die spirituelle Dimension der Demütigung
Auf spiritueller Ebene konfrontiert uns die Wunde der
Demütigung mit der Frage der Menschenwürde. Sie lehrt
uns, dass unser Wert nicht vom Blick oder Urteil anderer
abhängt, sondern von unserem innersten Wesen.

Diese Wunde lädt uns ein, der Schamfalle zu entkommen
und zu verstehen, dass uns niemand unseren inneren Wert
nehmen kann. Sie ruft uns dazu auf, Schmerz in innere
Stärke umzuwandeln: zu lernen, auch angesichts von Kritik
aufrecht zu stehen, unsere Würde zu beanspruchen und zu
erkennen, dass wir der Liebe würdig sind, einfach weil wir
existieren.

Demütigung wird so zu einem Weg des Erwachens: Sie
drängt uns dazu, uns von den Blicken von außen zu befreien
und unseren Stolz aus unserem tiefsten Inneren zu schöpfen.

LÖSUNGEN ZUR ÜBERWINDUNG DER „DEMÜTIGUNGSWUNDE"

1. Scham erkennen, ohne sich damit zu identifizieren

Wenn Scham aufkommt, erinnere dich daran, dass es nicht an dir liegt. Es ist ein Gefühl, ein Echo der Vergangenheit. Sag dir: „Was ich fühle, ist eine Erinnerung, keine Wahrheit."

2. Arbeiten Sie an Ihrem Selbstwertgefühl

Machen Sie jeden Tag einen Schritt, um Ihre Stärken zu erkennen. Beachten Sie Ihre Erfolge, auch kleine. Feiern Sie Ihre Fortschritte. Das Selbstwertgefühl wird durch tägliches Handeln wieder aufgebaut.

3. Lernen Sie, Nein zu sagen

Grenzen zu setzen ist ein heilender Akt. Jedes respektvolle „Nein" ist eine Art zu sagen: „Ich respektiere mich selbst und lasse mich nicht unterkriegen."

4. Befreie den Körper von Scham

Beteiligen Sie sich an Aktivitäten, die Ihre Erdung und Ihr Selbstvertrauen stärken: Tanzen, Singen, Kampfsport, Yoga. Diese Übungen helfen Ihnen, Raum einzunehmen, ohne Angst vor Verurteilung zu haben.

5. Drücken Sie Ihre Wahrheit aus

Schreiben oder sprechen Sie über vergangene Demütigungen, nicht um sich selbst zum Opfer zu machen, sondern um das Schweigen zu brechen. Allein das Aussprechen der Scham verringert sie bereits.

6. Üben Sie Würdebekräftigungen

Wiederholen Sie jeden Tag:

„Ich bin der Liebe und des Respekts würdig."

„Niemand kann mir meinen Wert nehmen."

„Ich verdiene es, meinen Platz in dieser Welt einzunehmen."

7. Verwandle Schmerz in Stärke

Suchen Sie nach Möglichkeiten, wie Ihre vergangenen Demütigungen Sie sensibler für das Leid anderer gemacht haben. Dieses Einfühlungsvermögen kann zu einer starken Eigenschaft werden, wenn Sie es bewusst kultivieren.

8. Öffnen Sie sich einer spirituellen Dimension

Meditieren Sie darüber, dass Ihr Wert unabhängig von allen Umständen ist. Vernetzen Sie sich mit dem Gedanken, dass Sie ein einzigartiger Ausdruck des Lebens sind und dass nichts und niemand Ihnen Ihre grundlegende Würde nehmen kann.

Die Wunde der Demütigung ist eine Prüfung, die uns an uns selbst und unserem Wert zweifeln lässt. Doch wenn wir uns ihr stellen, kann sie zu einem kraftvollen Weg der Befreiung werden. Sie lehrt uns, unsere Identität nicht länger von äußeren Urteilen bestimmen zu lassen, unsere Würde zu wahren und zu entdecken, dass wahrer Stolz von innen kommt.

PRAKTISCHE TOOLS, DIE IHNEN DABEI HELFEN, DIE TIEF IN IHNEN VERGRABENEN WUNDEN ZU ERKENNEN UND ZU LÖSEN, DAMIT SIE IHRE INNERE FREUDE WIEDERFINDEN KÖNNEN.

PRAKTISCHE WERKZEUGE

Um Ihre Wunden zu heilen, müssen Sie sie zunächst anerkennen. Sie wirken oft im Hintergrund: Sie verbergen sich in unseren Überreaktionen, unseren irrationalen Ängsten, unseren wiederholten Blockaden. Hier sind einige konkrete Werkzeuge, um sie ans Licht zu bringen und zu lindern.

1. Das introspektive Tagebuch

Führen Sie ein Tagebuch, das Sie ausschließlich dazu verwenden, Ihre Gefühle zu erforschen. Wenn eine Situation eine starke Reaktion auslöst (Wut, Angst, Scham, unverhältnismäßige Traurigkeit), schreiben Sie auf:

Was ist passiert.

Was Sie in Ihrem Körper gespürt haben.

Die Gedanken, die Ihnen kamen.

Das vorherrschende Gefühl (Ablehnung? Verlassenwerden? Verrat? Ungerechtigkeit? Demütigung?).

👉 **Beim Schreiben werden Sie erkennen, dass sich wiederkehrende Muster herausbilden. Diese helfen Ihnen, den Schmerz hinter Ihren Reaktionen zu erkennen.**

2. Beobachtung von Masken

Unsere Wunden verbergen sich oft hinter Masken.

Fragen Sie sich:

Mache ich mich unsichtbar, um Ablehnung zu vermeiden?

Klammere ich mich an andere, um nicht verlassen zu werden?

Kontrolliere ich alles, um nicht betrogen zu werden?

Versuche ich, perfekt zu sein, um Ungerechtigkeit zu vermeiden?

Soll ich schweigen, um nicht gedemütigt zu werden?

☞ **Indem Sie Ihre Masken erkennen, beginnen Sie bereits, Ihre Wunden zu offenbaren.**

3. Dialog mit dem inneren Kind

Setzen Sie sich ruhig hin, schließen Sie die Augen und stellen Sie sich das Kind vor, das Sie einmal waren. Stellen Sie sich Ihr Kind in einer Situation vor, in der es gelitten hat. Sagen Sie ihm dann im Geiste:

„Ich sehe dich. Ich erkenne deinen Schmerz. Du warst nicht schuldig. Du verdienst Liebe und Nähe. Heute bin ich für dich da."

☞ **Diese einfache Übung lindert alte Erinnerungen und stärkt Ihre innere Sicherheit.**

4. Wiederherstellende Affirmationen

Jede Wunde muss Sätze hören, die im Widerspruch zu dem stehen, was sie verinnerlicht hat:

Ablehnung → „Ich habe meinen Platz. Ich bin es wert, zu existieren."

- Kapitulation → „Ich bin bei mir selbst sicher."

Verrat → „Ich kann mir selbst vertrauen und meine Grenzen setzen."

- Ungerechtigkeit → „Ich habe das Recht, unvollkommen zu sein und so zu existieren, wie ich bin."

Demütigung → „Ich bin Respekt und Liebe wert."

☞ **Wiederholen Sie sie jeden Morgen vor einem Spiegel, um Ihr Unterbewusstsein sanft neu zu programmieren.**

5. Der Körper als Verbündeter

Verletzungen prägen sich in Haltung und Verspannungen ein. Arbeite mit deinem Körper:

Tanzen Sie frei und lassen Sie Ihren Emotionen freien Lauf.

Machen Sie Yoga, Stretching oder Qigong, um die Steifheit zu lindern.

Atmen Sie tief durch und legen Sie Ihre Hände auf Ihr Herz oder Ihren Bauch, um wieder zu lernen, sich in Ihrem Körper sicher zu fühlen.

6. Kreative Befreiung

Kunst ist ein kraftvoller Heilungskanal. Malen, Zeichnen, Musik, Singen, Gedichte schreiben … Wählen Sie ein Medium, das Sie anspricht, und lassen Sie Ihre Wunden darin zum Ausdruck kommen. Schaffen Sie, ohne zu versuchen, es gut zu machen: Lassen Sie einfach Ihren Emotionen freien Lauf.

• 7. Der Kreis der Unterstützung

Wenn Sie mit Menschen Ihres Vertrauens über Ihre Verletzungen sprechen, können Sie die Isolation überwinden. Der Beitritt zu einer Selbsthilfegruppe, eine Beratung oder einfach die Hilfe eines fürsorglichen Freundes können wichtige Schritte sein.

8. Präsenzmeditation

• Sitzen Sie jeden Tag ein paar Minuten still und konzentrieren Sie sich auf Ihre Atmung. Wenn Ihnen ein Gedanke zu Ihren Wunden in den Sinn kommt, beobachten Sie ihn ohne Wertung und lenken Sie Ihre Aufmerksamkeit wieder auf Ihren Atem. Diese Übung lehrt Sie, sich nicht länger von Ihren Wunden überwältigen zu lassen, sondern sie als Teil Ihrer selbst zu sehen, den Sie willkommen heißen können.

• 9. Die Praxis der Dankbarkeit

Schreiben Sie jeden Abend drei positive Erlebnisse auf, egal wie klein sie sind. Dankbarkeit hilft, den Geist wieder ins Gleichgewicht zu bringen, der dazu neigt, sich mit Ungerechtigkeiten oder Schmerz zu beschäftigen. Sie öffnet die Tür zu größerer innerer Freude.

10. Symbolische Rituale

Führen Sie kleine Rituale durch, um Ihre Heilungsfortschritte zu markieren. Schreiben Sie zum Beispiel einen Brief an jemanden, der Sie verletzt hat (ohne ihn unbedingt abzuschicken), und verbrennen Sie ihn anschließend als Zeichen der Befreiung. Diese symbolischen Gesten senden ein starkes Signal an das Unterbewusstsein.

Abschluss

Diese Werkzeuge sind keine Zauberrezepte, sondern Wege, die es zu erkunden gilt. Jeder kleine Schritt zählt. Die eigenen Wunden zu erkennen und zu verarbeiten bedeutet, zu lernen, sich mit sich selbst zu versöhnen, sich selbst die Liebe, Anerkennung und den Respekt zu geben, die man lange von außen erwartet hat. Und so kann die innere Freude zurückkehren, nicht als vorübergehende Emotion, sondern als tiefer und anhaltender Zustand.

QUIZ: DIE 5 WUNDEN DER SEELE

Dieser kurze Fragebogen soll Ihnen dabei helfen, herauszufinden, welche Verletzung(en) Ihre Emotionen und Ihr Verhalten am meisten beeinflussen.

☛ **Lesen Sie jede Aussage sorgfältig durch und überprüfen Sie:**

Oft (das trifft auf mich häufig zu)

Manchmal (das passiert mir von Zeit zu Zeit)

Niemals (das passt nicht zu mir)

So interpretieren Sie Ihre Ergebnisse

Weisen Sie jeder Antwort eine Punktzahl zu:

Oft = 2 Punkte

Manchmal = 1 Punkt

Nie = 0 Punkte

Zählen Sie die Punkte für jede Verletzung (Ablehnung, Verlassenwerden, Verrat, Ungerechtigkeit, Demütigung). Jede Verletzung hat 10 Aussagen, die maximale Punktzahl beträgt also 20 Punkte.

Lesen Sie Ihr Ergebnis:

1. 16 bis 20 Punkte → Diese Verletzung ist in Ihrem aktuellen Leben sehr präsent. Sie beeinflusst Ihre Emotionen, Ihre Beziehungen und Ihre Entscheidungen stark.

- 11 bis 15 Punkte → Diese Verletzung ist aktiv und manifestiert sich regelmäßig. Sie sind sich dessen wahrscheinlich bewusst, aber sie verdient Heilungsarbeit.

6 bis 10 Punkte → Diese Verletzung ist latent. Sie wird in bestimmten Situationen reaktiviert, dominiert aber nicht Ihren Alltag.
0 bis 5 Punkte → Diese Verletzung ist leicht oder gelindert. Sie stellt kein größeres Hindernis für Ihr aktuelles Wohlbefinden dar.

Vergleichen Sie Ihre Ergebnisse:
Die Verletzung mit der höchsten Punktzahl ist normalerweise diejenige, die dominiert und den größten Einfluss auf Ihr heutiges Leben hat.
Wenn zwei Verletzungen ähnliche Werte aufweisen, bedeutet dies, dass Sie gleichzeitig von mehreren Verletzungen betroffen sind.
In manchen Fällen haben Sie möglicherweise hohe Werte von drei oder mehr: Dies zeigt, dass Ihr Lebensweg mehrere sensible Bereiche berührt hat. Das ist normal, da sich Verletzungen oft überschneiden.

QUIZ: DIE 5 WUNDEN DER SEELE

Wunde der Ablehnung

Ich habe oft das Gefühl, nicht dazuzugehören.
(Oft □ / Manchmal □ / Nie □)

Ich ziehe es vor, diskret zu bleiben, um nicht aufzufallen.
(Oft □ / Manchmal □ / Nie □)

Ich habe Angst, zu stören oder „im Weg" zu sein.
(Oft □ / Manchmal □ / Nie □)

Es fällt mir schwer zu glauben, dass ich Liebe verdiene.
(Oft □ / Manchmal □ / Nie □)

Kritik, selbst die geringste, verletzt mich zutiefst.
(Oft □ / Manchmal □ / Nie □)

Ich neige dazu, mich zu isolieren, um mich zu schützen.
(Oft □ / Manchmal □ / Nie □)

Ich habe das Gefühl, dass mich niemand wirklich versteht.
(Oft □ / Manchmal □ / Nie □)

Ich versuche oft, perfekt zu sein, um Ablehnung zu vermeiden.
(Oft □ / Manchmal □ / Nie □)

Ich habe Angst, verlassen zu werden, sobald ich mich binde.
(Oft □ / Manchmal □ / Nie □)

Manchmal fühle ich mich unsichtbar oder nicht existent.
(Oft □ / Manchmal □ / Nie □)

Totale Ablehnung: _____ / 20

Wunde der Verlassenheit

Ich habe Angst, allein zu sein.
(Oft ☐ / Manchmal ☐ / Nie ☐)

Ich suche ständig die Aufmerksamkeit anderer.
(Oft ☐ / Manchmal ☐ / Nie ☐)

Ich muss oft beruhigt werden.
(Oft ☐ / Manchmal ☐ / Nie ☐)

Aus Angst vor Einsamkeit bleibe ich manchmal in unbefriedigenden
Beziehungen.
(Oft ☐ / Manchmal ☐ / Nie ☐)

Ich fühle eine große innere Leere, wenn ich alleine bin.
(Oft ☐ / Manchmal ☐ / Nie ☐)

Ich habe Angst, dass die Leute mich vergessen oder ignorieren.
(Oft ☐ / Manchmal ☐ / Nie ☐)

Ich bin emotional sehr abhängig.
(Oft ☐ / Manchmal ☐ / Nie ☐)

Ich neige dazu, mich an andere zu klammern.
(Oft ☐ / Manchmal ☐ / Nie ☐)

Ich leide sehr, wenn sich jemand von mir entfernt.
(Oft ☐ / Manchmal ☐ / Nie ☐)

Ich versuche oft, meine Leere mit Ablenkungen zu füllen.
(Oft ☐ / Manchmal ☐ / Nie ☐)

Gesamtabbruch: _____ / 20

Wunde des Verrats

Ich habe Probleme zu vertrauen.
(Oft □ / Manchmal □ / Nie □)

Ich habe das Bedürfnis, Situationen zu kontrollieren.
(Oft □ / Manchmal □ / Nie □)

Ein gebrochenes Versprechen lässt mich leiden.
(Oft □ / Manchmal □ / Nie □)

Ich kann Lügen nicht gut ertragen, auch keine kleinen.
(Oft □ / Manchmal □ / Nie □)

Ich hege lange Zeit einen Groll.
(Oft □ / Manchmal □ / Nie □)

Ich hasse das Gefühl, dass mich jemand manipuliert.
(Oft □ / Manchmal □ / Nie □)

Ich werde leicht eifersüchtig oder misstrauisch.
(Oft □ / Manchmal □ / Nie □)

Ich habe Angst, betrogen oder hintergangen zu werden.
(Oft □ / Manchmal □ / Nie □)

Ich behalte lieber die Kontrolle, als zu delegieren.
(Oft □ / Manchmal □ / Nie □)

Wenn ich verletzt bin, fällt es mir schwer zu vergeben.
(Oft □ / Manchmal □ / Nie □)

Gesamtverrat: _____ / 20

Wunde der Ungerechtigkeit

Ich hasse es, ungleich behandelt zu werden.
(Oft □ / Manchmal □ / Nie □)

Ich neige dazu, mich mit anderen zu vergleichen.
(Oft □ / Manchmal □ / Nie □)

Ich bin sehr wütend über diese Bevorzugung.
(Oft □ / Manchmal □ / Nie □)

Ich strebe oft nach Perfektion.
(Oft □ / Manchmal □ / Nie □)

Ich habe Angst, schwach zu wirken.
(Oft □ / Manchmal □ / Nie □)

Es fällt mir schwer, meine Fehler zu akzeptieren.
(Oft □ / Manchmal □ / Nie □)

Ich habe oft das Gefühl, dass meine Bemühungen nicht anerkannt werden.
(Oft □ / Manchmal □ / Nie □)

Ich stelle hohe Ansprüche an mich selbst.
(Oft □ / Manchmal □ / Nie □)

Willkürliche Regeln kann ich nur schwer ertragen.
(Oft □ / Manchmal □ / Nie □)

Angesichts von Ungerechtigkeit empfinde ich oft ein Gefühl der Hilflosigkeit.
(Oft □ / Manchmal □ / Nie □)

Totale Ungerechtigkeit: _____ / 20

Wunde der Demütigung

Ich habe Angst, lächerlich gemacht zu werden.
(Oft □ / Manchmal □ / Nie □)

Ich schäme mich schnell.
(Oft □ / Manchmal □ / Nie □)

Ich neige dazu, meine Erfolge herunterzuspielen.
(Oft □ / Manchmal □ / Nie □)

Ich habe Angst, in der Öffentlichkeit zu sprechen, weil ich Angst vor Verurteilung habe.
(Oft □ / Manchmal □ / Nie □)

Manchmal fühle ich mich schuldig, weil ich ich selbst bin.
(Oft □ / Manchmal □ / Nie □)

Ich kann es nicht gut ertragen, gehänselt zu werden.
(Oft □ / Manchmal □ / Nie □)

Ich neige dazu, mich übermäßig anzupassen, um Kritik zu vermeiden.
(Oft □ / Manchmal □ / Nie □)

Wenn ich erniedrigt werde, fühle ich mich zerstört.
(Oft □ / Manchmal □ / Nie □)

Ich habe Angst, meine Bedürfnisse auszudrücken, weil ich Angst habe, verurteilt zu werden.
(Oft □ / Manchmal □ / Nie □)

Ich habe Probleme, meine Grenzen zu setzen.
(Oft □ / Manchmal □ / Nie □)

Totale Demütigung: _____ / 20

ZIELPLANUNG ZUR HEILUNG SEELISCHER WUNDEN

Der Zweck der Erstellung eines Zielplaners zur Heilung seelischer Wunden besteht darin, einen ganzheitlichen und nachhaltigen Ansatz zur Heilung durch persönliche Entwicklung bereitzustellen.

Indem Sie einen Plan erstellen, können Sie sich Ihrer Wunden, ihrer Ursprünge und ihrer Auswirkungen auf Sie bewusst werden und Ihre Chancen auf eine vollständige Heilung erhöhen.

Ein Plan trägt auch dazu bei, die Bereitschaft zu fördern, diesen Prozess zu durchlaufen, und bietet eine Struktur, um diese sehr wichtigen Veränderungen, die Ihnen während Ihres Heilungsprozesses begegnen werden, schrittweise zu integrieren.

ZIELPLANUNG, UM DIE WUNDE DER ABLEHNUNG ZU HEILEN

Montag – Identifizierung Ihrer Überzeugungen
Schreibübung (20 Min.)
Nehmen Sie ein Notizbuch zur Hand. Schreiben Sie alle automatischen Sätze auf, die Ihnen in den Sinn kommen, wenn Sie an Ablehnung denken.
 Beispiele:
„Ich bin nicht interessant genug."
„Am Ende werden sie mich ausschließen."
„Ich gehöre nicht dazu."
Lesen Sie sie dann noch einmal und kreisen Sie die Punkte ein, die häufig vorkommen.

Meditation (5 Min.)
 Schließen Sie die Augen und atmen Sie tief durch. Stellen Sie sich ein Kind vor, das allein auf dem Schulhof steht. Gehen Sie auf es zu und sagen Sie:
„Du bist nicht allein. Du wirst geliebt, so wie du bist. Du gehörst hierher."

Affirmation des Tages (10-mal wiederholen)
☞ „Mein Platz ist legitim. Ich bin es wert, so zu existieren, wie ich bin."

ZIELPLANUNG, UM DIE WUNDE DER ABLEHNUNG ZU HEILEN

Dienstag – Geführte Meditation „Beruhigende Gedanken" (10 Min.)

Setzen Sie sich bequem hin. Atmen Sie 4 Sekunden lang durch die Nase ein, halten Sie den Atem 2 Sekunden lang an und atmen Sie 6 Sekunden lang sanft durch den Mund aus.

- Wiederholen Sie dies 5 Zyklen lang.
- Sagen Sie beim Atmen im Geiste:
- zur Inspiration: „Ich begrüße meinen Platz"
- beim Ausatmen: „Ich lasse die Angst vor Ablehnung los"

Körperübung (10 Min.)

Gehen Sie langsam durch den Raum und spüren Sie Ihre Schritte auf dem Boden.

Stellen Sie sich vor, dass jeder Schritt bestätigt: „Ich bin hier, ich gehöre hierher."

Affirmation des Tages ☛ „Ich lasse die Gedanken los, die mir sagen, dass ich im Weg bin."

ZIELPLANUNG, UM DIE WUNDE DER ABLEHNUNG ZU HEILEN

Mittwoch – Praktische Übung zur Entwicklung des Selbstvertrauens
Wählen Sie eine bestimmte Aufgabe (jemanden anrufen, eine Akte fertigstellen, ein Zimmer aufräumen).
Schreiben Sie es morgens auf und haken Sie es ab, wenn Sie es erledigt haben.
Seien Sie stolz: Sie haben bewiesen, dass Sie dazu in der Lage sind.

- Schreibübung

Antwort: Was habe ich heute erreicht, das mir beweist, dass ich existiere und wertvoll bin?
  - Bestätigung des Tages
☛ „Jede meiner Handlungen ist ein Beweis meines Wertes."

  - Donnerstag – Aus der Unsichtbarkeit herauskommen
    Soziales Handeln
Sprechen Sie im Laufe des Tages mit mindestens einer Person (einem Freund, einem Kollegen, einem Ladenbesitzer).
Hinweis: Wie habe ich mich nach dieser Interaktion gefühlt?

Kleine Herausforderung
Teilen Sie in einer Diskussion Ihre Meinung (auch eine kleine).
- Lassen Sie sich hören.

Bestätigung des Tages
☛ „Ich bin sichtbar und meine Stimme zählt."

ZIELPLANUNG, UM DIE WUNDE DER ABLEHNUNG ZU HEILEN

Freitag – Schreibübung zur Rückgewinnung Ihrer Werte
Listen Sie 10 Eigenschaften oder Talente auf, die Sie besitzen
(auch kleine).

- Lesen Sie sie vor einem Spiegel laut vor.

- Spiegelmeditation (5 Min.)
Schauen Sie einander in die Augen.
- Sagen Sie laut:

„Ich bin genug. Ich habe das Recht, hier zu sein. Ich verdiene
es zu existieren."

  - Affirmation des Tages ☛ „Ich bin Respekt und Liebe
    wert, so wie ich bin."

Samstag – Übung zum Teilen Ihrer Verletzlichkeit in
Beziehungen
Wählen Sie jemanden, dem Sie vertrauen. Teilen Sie eine
Angst oder Erinnerung an Ablehnung.
- Ziel: Die Erfahrung machen, dass man verletzlich sein
  kann, ohne ausgeschlossen zu werden.

Symbolisches Ritual
Schreiben Sie auf ein Blatt Papier: „Ich gehöre nicht dazu."
- Zerreißen oder verbrennen Sie es und sagen Sie: „Ich
  nehme meinen Platz wieder ein."

Bestätigung des Tages
☛ „Auch wenn ich verletzlich bin, bin ich es wert, geliebt zu
werden."

ZIELPLANUNG, UM DIE WUNDE DER ABLEHNUNG ZU HEILEN

Sonntag – Feiern Sie Ihre Einzigartigkeit Kreative Aktivität Zeichnen, singen, tanzen, eine freie Seite schreiben. Streben Sie nicht nach Perfektion: Feiern Sie einfach, wer Sie sind.

Ritual
Zünde eine Kerze an. Sag laut:
„Mein Licht ist einzigartig und ich entscheide mich, es leuchten zu lassen."

○ Bestätigung des Tages
☛ „Ich bin einzigartig. Meine Anwesenheit bereichert die Welt."

❢ Dieser Zeitplan kann mehrere Wochen lang wiederholt werden, da jede Übung eine zusätzliche Heilungsebene darstellt.

ZIELPLANUNG, UM DIE WUNDE DES VERLASSENWERDENS ZU HEILEN

Montag – Identifizieren Sie Ihre Ängste vor Einsamkeit.
Schreibübung (20 Min.)
Schreiben Sie in ein Notizbuch: Was fühle ich, wenn ich allein bin?
Achten Sie auf Ihre Emotionen, Ihre automatischen Gedanken (z. B.
„Ich werde immer verlassen sein", „Niemand kümmert sich um
mich").
Unterstreichen Sie die schmerzhaftesten Sätze.

- Geführte Meditation (10 Min.)
Schließen Sie die Augen und legen Sie eine Hand auf Ihr Herz.
Atmen Sie tief ein und wiederholen Sie leise:
„Ich bin bei mir. Ich gebe mich nicht auf."

  o Bestätigung des Tages
☞ „Ich bin für mich da. Auch wenn ich alleine bin, begleitet mich
meine eigene innere Stärke."

Dienstag – Praktische Übung zur Einsamkeitsbekämpfung (30 Min.)
Machen Sie alleine eine Aktivität (Spaziergang, Kaffee, Lesen).
Dann notieren Sie: Was habe ich gefühlt? Welche Gedanken kamen
auf?

Atemmeditation (10 Min.)
Atmen Sie 4 Sekunden lang ein und denken Sie dabei: „Ich begrüße
den Frieden."
Atmen Sie 6 Sekunden lang aus und denken Sie dabei: „Ich lasse die
Angst vor dem Verlassenwerden los."
Wiederholen Sie dies 10 Zyklen lang.

- Bestätigung des Tages
- ☞ „Einsamkeit ist keine Leere, sondern ein Raum, in dem ich
  mich selbst finde."

ZIELPLANUNG, UM DIE WUNDE DES VERLASSENWERDENS ZU HEILEN

Mittwoch – Schenken Sie sich selbst die Liebe, auf die Sie gewartet haben. Spiegelübung (10 Min.)
Stellen Sie sich vor einen Spiegel. Schauen Sie sich in die Augen und sagen Sie:
„Ich liebe dich. Du verdienst es, geliebt zu werden. Ich werde dich nie im Stich lassen."
Wiederholen Sie dies dreimal.

Schreibübung
Schreiben Sie einen Brief an das Kind, das Sie waren:
„Ich sehe dich, ich weiß, dass du Angst hattest, verlassen zu werden, aber heute bin ich für dich da."

- ○ Bestätigung des Tages

☛ „Ich bin mein erster Unterstützer und werde mich nie selbst verlassen."

Donnerstag – Beziehungsübung: Ohne Schuldgefühle um Unterstützung bitten
Kontaktieren Sie jemanden, dem Sie vertrauen. Teilen Sie ihm Ihre ehrlichen Gefühle mit.
Beispiel: „Im Moment brauche ich das Gefühl, unterstützt zu werden. Kannst du mir einfach zuhören?"
Beobachtung

- Notieren Sie nach dem Gespräch: Wurde ich gehört? Wie fühle ich mich?

- Bestätigung des Tages
- ☛ „Ich habe das Recht, um Unterstützung zu bitten, ich muss nicht alles alleine tragen."

ZIELPLANUNG, UM DIE WUNDE DES VERLASSENWERDENS ZU HEILEN

Freitag – Aufbau emotionaler Autonomie Praktische Übung
Gönnen Sie sich einen Moment des Vergnügens nur für Sie (Kino, Bad, Ausflug).
Wiederholen Sie während der Aktivität im Geiste:
„Ich kann gut zu mir selbst sein. Ich bin eine gute Gesellschaft."

Präsenzmeditation (5 Min.)
Schließen Sie die Augen und stellen Sie sich einen Lichtkreis um sich herum vor, wie eine schützende Blase.

- Fühlen Sie sich sicher in Ihrer eigenen Energie.

  o Bestätigung des Tages
☛ „Ich bin in mir selbst vollständig, ich brauche keine Erfüllung von außen."

Samstag – Eine gesunde Verbindung zu anderen wiederentdecken.
Soziale Bewegung
Nehmen Sie an einer Gruppenaktivität teil (Sport, Workshop, Freiwilligenarbeit, mehrere Freunde anrufen).
Ziel: Das Gefühl zu haben, dass Verbindungen ohne Abhängigkeit bestehen.

Schreibübung
Schreiben Sie drei Situationen auf, in denen Sie jemand unaufgefordert unterstützt hat.
Lesen Sie sie abends noch einmal, um sich daran zu erinnern, dass Sie nicht allein sind.

- Bestätigung des Tages
- ☛ „Ich kann ausgewogene Beziehungen aufbauen, ohne Abhängigkeit oder Angst."

ZIELPLANUNG, UM DIE WUNDE DES VERLASSENWERDENS ZU HEILEN

Sonntag – Selbstliebe kultivieren – Übung zur persönlichen Dankbarkeit
Schreiben Sie 10 Dinge auf, die Sie an sich schätzen (z. B. „Ich bin großzügig", „Ich bin ein guter Zuhörer").
- Lesen Sie sie noch einmal laut vor.

Heilritual (Kerze)
- Zünde eine Kerze an. Schließe deine Augen und wiederhole:

„Ich akzeptiere es, für mich selbst da zu sein. Ich begrüße die Liebe, die in mir lebt."

    ○ Bestätigung des Tages

☞ „Ich bin meine Zuflucht. Ich bin meine Liebe. Ich werde mich nie wieder im Stich lassen."

📌 Hinweis:
Dieser Zeitplan ist so konzipiert, dass er über mehrere Wochen wiederholt werden kann.
- Das Geheimnis liegt in der Wiederholung von Affirmationen und der Konsequenz von Ritualen. Jeden Tag speichert das Gehirn eine neue Botschaft: „Ich bin nicht länger verlassen. Ich bin für mich selbst da."

ZIELPLANUNG, UM DIE WUNDE DES VERRATS ZU HEILEN

Montag – Erkundung Ihrer Vertrauenswunden Schreibübung (20 Min.)
Schreiben Sie Ihre bedeutendsten Erfahrungen mit Verrat auf.
Hinweis: Wer hat mich verraten? Wie? Wie habe ich mich gefühlt?

- Heben Sie die vorherrschenden Emotionen hervor (Wut, Traurigkeit, Scham, Angst).

Meditation (10 Min.)
Schließen Sie die Augen und stellen Sie sich vor, Sie wären in einem Kreis aus schützendem Licht.
Sagen Sie sich:
„Ich wurde verraten, aber ich stehe noch. Ich gewinne mein Selbstvertrauen zurück."

- Bestätigung des Tages
☞ „Ich wurde verletzt, aber ich bin nicht gebrochen. Ich habe mich entschieden, mein Selbstvertrauen wieder aufzubauen."

Dienstag – Körperliche Übung zum Loslassen von Wut (15 Min.)
Machen Sie eine Aktivität, die Ihre Energie freisetzt (Boxen, Laufen, rhythmisches Tanzen).

- Stellen Sie sich vor, dass jede Bewegung Ihre angestaute Wut freisetzt.

Befreiendes Schreiben
Schreiben Sie einen (nicht abgeschickten) Brief an die Person, die Sie betrogen hat.
Schreiben Sie ohne Hemmungen: was Sie gerne gesagt hätten, Ihren Ärger, Ihre Verletzungen.
Anschließend zerreißen oder verbrennen Sie das Papier als Zeichen der Befreiung.

- Bestätigung des Tages
- ☞ „Ich lasse die Wut los, die mich gefangen hält. Ich wähle innere Freiheit."

ZIELPLANUNG, UM DIE WUNDE DES VERRATS ZU HEILEN

Mittwoch – Das Kontrollbedürfnis loslassen Kleine konkrete Herausforderung
Wählen Sie eine kleine Aufgabe aus, die Sie delegieren möchten (an einen Kollegen, einen geliebten Menschen).
- Beobachten Sie Ihre Emotionen: Angst? Sorge? Erleichterung?
Hinweis: Was passiert, wenn ich nicht alles kontrolliere?

Meditation zum Loslassen (8 Min.)
- Atmen Sie tief ein und sagen Sie: „Ich lasse los.“
- Atmen Sie tief aus und sagen Sie: „Ich vertraue.“
Wiederholen Sie 10 Zyklen.

- Bestätigung des Tages
☛ „Ich kann die Kontrolle abgeben und in Sicherheit bleiben.“

Donnerstag – Entdecken Sie Ihre Intuition neu
Introspektive Übung
Denken Sie an eine Situation zurück, in der Sie sich betrogen fühlten, bevor es passierte.
Achten Sie auf Ihre inneren Signale (Unbehagen, Intuition, kleine Warnungen).
Schreiben Sie: Wie kann ich in Zukunft besser auf meine Intuition hören?

Ritual
Schließen Sie die Augen und legen Sie eine Hand auf Ihren Bauch.
- Sagen:
„Meine Intuition ist mein Leitfaden. Ich kann mir selbst vertrauen.“

- Bestätigung des Tages
- ☛ „Ich höre auf meine Gefühle, ich vertraue mir selbst.“

ZIELPLANUNG, UM DIE WUNDE DES VERRATS ZU HEILEN

Freitag – Übung zum Zurückgewinnen Ihrer persönlichen Macht
Listen Sie 5 persönliche Erfolge auf, die Sie durch Ihre eigenen
Entscheidungen erzielt haben.
Beispiel: „Ich habe eine toxische Beziehung beendet", „Ich habe trotz
Zweifeln ein Projekt abgeschlossen".

Spiegelmeditation (5 Min.)
Schauen Sie sich im Spiegel an.
Sagen Sie laut:
„Ich bin stark. Ich habe die Macht zu entscheiden. Niemand kann mir
meine Würde rauben."

- ○ Bestätigung des Tages
☛ „Ich gewinne meine innere Stärke zurück und respektiere mich
selbst."

Samstag – Übung zum Erleben von Loyalitätsbeziehungen
Verbringen Sie Zeit mit einer zuverlässigen Person (Freund, geliebter
Mensch).
- Suchen Sie nach konkreten Beweisen für Loyalität in der
  Beziehung.
Hinweis: Welche Vertrauensbeweise habe ich heute erhalten?

Dankbarkeitsritual
Bedanken Sie sich vor dem Schlafengehen im Geiste bei drei
Menschen, die Ihnen in Ihrem Leben ihre Treue gezeigt haben.

- Bestätigung des Tages
- ☛ „Es gibt vertrauenswürdige Menschen. Ich verdiene loyale
  Beziehungen."

ZIELPLANUNG, UM DIE WUNDE DES VERRATS ZU HEILEN

Sonntag – Symbolisches Ritual der Befreiung und Vergebung (15 Min.)

Nehmen Sie ein Blatt Papier und schreiben Sie den Namen der Person auf, die Sie betrogen hat.

- Schreiben Sie: „Ich kann nicht ändern, was passiert ist, aber ich entscheide mich, diesen Schmerz nicht länger zu ertragen."

Verbrennen oder vergraben Sie das Papier.

Vergebungsmeditation (10 Min.)

Stellen Sie sich die Person vor, die Sie verletzt hat.

Sagen Sie sich:

„Ich billige nicht, was du getan hast. Aber ich weigere mich, Gefangener dieses Schmerzes zu bleiben. Ich befreie mich."

- Bestätigung des Tages

☛ „Ich entscheide mich zu vergeben, nicht für den anderen, sondern um mich selbst zu befreien."

📌 Hinweis:

Die Heilung von Verrat ist ein langer Prozess: Es braucht Zeit, um Ihr Herz wieder zu öffnen.

- Dieses Programm sollte mehrere Wochen lang wiederholt werden.

Jeder kleine Erfolg (Delegieren, Ärger ausdrücken, auf die Intuition hören) baut das Vertrauen Schritt für Schritt wieder auf.

ZIELPLANUNG ZUR HEILUNG DER WUNDE DER UNGERECHTIGKEIT

Montag – Erlebtes Unrecht identifizieren Schreibübung (20 Min.)
Schreiben Sie drei aktuelle Situationen auf, in denen Sie
Ungerechtigkeit empfunden haben.
- Beschreiben Sie: Was passiert ist, was Sie gefühlt haben, wie Sie
  reagiert haben.
Kernfrage: Liegt es an der Situation allein oder ist eine alte
Verletzung reaktiviert worden?

Meditation (10 Min.)
Schließen Sie die Augen. Atmen Sie tief ein und denken Sie: „Ich
begrüße die Wahrheit meiner Gefühle."
Atmen Sie lange aus und denken Sie dabei: „Ich lasse die Wut aus
meinem Körper."

  ◦ Bestätigung des Tages
☛ „Ich habe das Recht, Wut zu empfinden, aber sie bestimmt nicht
mein Leben."

Dienstag – Körperübung zum Lösen von Steifheit (15 Min.)
Machen Sie sanfte Dehnübungen (Schultern, Nacken, Rücken).
- Wiederholen Sie beim Dehnen: „Ich lasse die Last der
  Ungerechtigkeiten los."

Geführte Meditation (10 Min.)
Stellen Sie sich vor, Ihr Körper sei von einer schweren Rüstung
bedeckt.
Stellen Sie sich vor, Sie nehmen Stück für Stück heraus.
Spüren Sie, wie die Leichtigkeit zurückkehrt.

- Bestätigung des Tages
- ☛ „Ich muss nicht perfekt sein, um geliebt zu werden. Ich kann
  loslassen."

ZIELPLANUNG ZUR HEILUNG DER WUNDE DER UNGERECHTIGKEIT

Mittwoch – Praktische Übung zum Loslassen des Perfektionismus
Wählen Sie eine Aktivität, die Sie normalerweise „perfekt" erledigen
(z. B. Kochen, Schreiben, Aufräumen).
Machen Sie es absichtlich unvollkommen.

- Beachten Sie dann: Wie stehe ich zu Unvollkommenheit?

Schreibübung
Listen Sie 5 Sätze auf, die Sie oft wiederholen, wenn Sie versuchen,
perfekt zu sein.
Beispiel: „Es ist nicht genug", „Ich muss es besser machen".

- Formulieren Sie sie freundlich um: „Was ich tue, ist genug", „Ich
  habe das Recht auf Ruhe".

  o Bestätigung des Tages
☞ „Meine Menschlichkeit ist wertvoller als meine Perfektion."

Donnerstag – Vergleiche beachten
Beobachtungsübung
Notieren Sie sich im Laufe des Tages jedes Mal, wenn Sie sich mit
anderen vergleichen.

- Schreiben Sie in Ihr Tagebuch: Was macht meine Reise
  einzigartig?

Meditation (10 Min.)
Setzen Sie sich und schließen Sie die Augen.
Stellen Sie sich einen Wald vor: Jeder Baum ist anders, keiner ist
perfekt, aber alle haben ihren Platz.

- Sagen Sie: „Wie die Bäume habe ich meinen einzigartigen,
  unvergleichlichen Platz."

- Bestätigung des Tages
- ☞ „Ich stehe nicht im Wettbewerb. Mein Wert ist einzigartig
  und unvergleichlich."

ZIELPLANUNG ZUR HEILUNG DER WUNDE DER UNGERECHTIGKEIT

Freitag – Übung zur Feier der bereits vorhandenen Gerechtigkeit
Schreiben Sie 5 Dinge auf, die in Ihrem Leben gerecht und
ausgewogen sind (z. B. ein treuer Freund, ein verdienter Erfolg, eine
ausgeglichene Beziehung).
Lesen Sie sie noch einmal laut vor.

Symbolisches Ritual
Zünde eine Kerze an und sage:
„Ich erkenne die Gleichgewichte und Gerechtigkeiten, die in meinem
Leben bereits vorhanden sind."

- ○ Bestätigung des Tages
☞ „Das Leben bietet mir auch Gerechtigkeit und Anerkennung.
Ich entscheide mich, es zu sehen."

Samstag – Empörung ausdrücken und teilen Beziehungsübung
Sprechen Sie mit einer Person Ihres Vertrauens über eine
Ungerechtigkeit, die Ihnen kürzlich widerfahren ist.
- Ziel: In Ihren Gefühlen gehört und bestätigt zu werden.

Körperübung (5 Min.)
Nehmen Sie ein Kissen und schlagen Sie sanft mit den Händen
darauf.
Sagen Sie bei jedem Zug: „Das war nicht fair und ich habe das Recht,
das zu sagen."

- Bestätigung des Tages
- ☞ „Ich habe das Recht, meine Wahrheit zu sagen und meine
  Gefühle zu verteidigen."

ZIELPLANUNG ZUR HEILUNG DER WUNDE DER UNGERECHTIGKEIT

Sonntag – Innere Balance finden Balance-Meditation (15 Min.)

Setzen Sie sich im Schneidersitz hin. Stellen Sie sich eine goldene Waage vor sich vor.

Legen Sie Ihren Ärger und Ihre Frustrationen auf ein Tablett. Auf der anderen Seite platzieren Sie Ihre Erfolge, Ihre Freuden, Ihre positiven Beziehungen.

- Beobachten Sie, wie sich das Gleichgewicht stabilisiert.

Abschlussritual

Schreiben Sie: „Ich bringe mir innere Gerechtigkeit. Ich ehre und akzeptiere mich selbst."

Lesen Sie es laut vor und bewahren Sie dieses Blatt dann in Ihrem Tagebuch auf.

- Bestätigung des Tages

☞ „Wahre Gerechtigkeit beginnt, wenn ich mich selbst ehre und respektiere."

📌 Hinweis:

Ungerechtigkeit führt zu Forderungen und Starrheit.

- Dieses Programm lehrt, wie man Flexibilität, Unvollkommenheit, Dankbarkeit und Ausgeglichenheit wieder einführt.

Wenn Sie diesen Zeitplan 3 bis 4 Wochen lang wiederholen, können Sic Ihre Beziehung zu sich selbst und anderen dauerhaft verändern.

ZIELPLANUNG, UM DIE WUNDE DER DEMÜTIGUNG ZU HEILEN

Montag – Schreibübung zum Identifizieren von Erinnerungen an Demütigungen (20 Min.)
Schreiben Sie drei Erinnerungen auf, bei denen Sie sich herabgesetzt oder verspottet gefühlt haben.
Beschreiben Sie: Was gesagt oder getan wurde, wie Sie sich dabei gefühlt haben, welche Überzeugung Sie über sich selbst entwickelt haben.
Beispiel: „Mir wurde gesagt, ich sei lächerlich → Ich dachte, ich sei nicht gut genug.“

Meditation (10 Min.)
- Schließen Sie die Augen. Stellen Sie sich das Kind vor, das Sie zum Zeitpunkt dieser Demütigung waren.

Gehen Sie auf ihn zu und sagen Sie ihm innerlich:
„Du brauchst dich für nichts zu schämen. Du verdienst Respekt. Ich bin für dich da.“

  - Bestätigung des Tages
☞ „Ich erkenne meine Wunden an, aber ich weigere mich, meinen Wert durch Scham bestimmen zu lassen.“

Dienstag – Richten Sie Ihren Körper und Ihre Würde auf.
Körperübung (10 Min.)
Stellen Sie sich mit schulterbreit auseinander stehenden Füßen hin, die Schultern nach hinten, das Kinn leicht angehoben.
- Halten Sie diese selbstbewusste Pose 2 Minuten lang vor einem Spiegel.

Lächeln Sie sanft und wiederholen Sie laut:
„Ich stehe aufrecht. Ich bin würdevoll.“

ZIELPLANUNG, UM DIE WUNDE DER DEMÜTIGUNG ZU HEILEN

97

Ritual
Gehen Sie 5 Minuten lang durch einen Raum und stellen Sie sich vor, dass jeder Schritt sagt: „Ich gehöre dazu.“

- Bestätigung des Tages
- ☞ „Mein Körper drückt meine Würde aus und ich entscheide mich dafür, mit Stolz zu gehen.“

ZIELPLANUNG, UM DIE WUNDE DER DEMÜTIGUNG ZU HEILEN

Mittwoch – Scham loslassen durch kreative Ausdrucksübung (20 Min.)

Zeichnen, malen oder schreiben Sie ein Gedicht, das Ihre Scham ausdrückt.

Lassen Sie es raus, ohne zu versuchen, „schön" oder „perfekt" zu sein.

Befreiendes Ritual

- Zerreißen oder verbrennen Sie die Zeichnung/den Text und sagen Sie dabei:
- „Ich erwecke diese Scham wieder zum Leben. Sie gehört nicht mehr zu mir."

- Meditation (5 Min.)
- Atmen Sie ein und denken Sie dabei: „Ich lasse die Scham los."
- Atmen Sie aus und denken Sie dabei: „Ich wähle Würde."

- Bestätigung des Tages
- ☞ „Ich verwandle Scham in innere Stärke."

- Donnerstag – Lernen, zu empfangen, ohne zu minimieren

Beziehungsübung

Teilen Sie einen persönlichen Erfolg (auch einen kleinen) mit jemandem, dem Sie vertrauen.

Wenn Sie ein Kompliment erhalten, antworten Sie nur mit „Danke" (ohne hinzuzufügen „Es war nichts").

Schreibübung

Schreiben Sie 5 Komplimente auf, die Sie in Ihrem Leben erhalten haben.

Lesen Sie sie noch einmal laut vor.

Bestätigung des Tages

☞ „Ich verdiene die Komplimente und freue mich sehr darüber."

ZIELPLANUNG, UM DIE WUNDE DER DEMÜTIGUNG ZU HEILEN

Freitag – Grenzen setzen und NEIN sagen Praktische Übung
Stellen Sie sich eine Situation vor, in der Sie aus Angst vor Kritik
„Ja" sagen.
- Wählen Sie heute eine kleine Situation aus und trauen Sie sich,
  ruhig „Nein" zu sagen.

Verankerungsritual
- Stellen Sie sich mit den Füßen auf den Boden, stampfen Sie sanft
  mit dem Fuß auf und sagen Sie laut:
- „Ich habe das Recht, Nein zu sagen. Ich verdiene Respekt."

- Bestätigung des Tages
- ☛ „Nein zu sagen ist ein Akt der Liebe mir selbst gegenüber."

Samstag – Trau dich, dich zu zeigen. Übung im Mut
Teilen Sie eine Meinung, eine Idee oder eine Kreation (bei der Arbeit,
mit der Familie, in einem sozialen Netzwerk, ganz wie Sie möchten).
Dann beachten Sie: Wie fühle ich mich, nachdem ich es gewagt habe,
mich zu zeigen?

Meditation (10 Min.)
- Stellen Sie sich vor, Sie stünden auf einer Bühne.
Ein wohlwollendes Publikum schaut Sie an und applaudiert.
Fühlen Sie den Stolz, gesehen und respektiert zu werden.

Bestätigung des Tages
☛ „Ich habe das Recht, meinen Platz einzunehmen und gehört zu
werden."

ZIELPLANUNG, UM DIE WUNDE DER DEMÜTIGUNG ZU HEILEN

Sonntag – Feiern Sie Ihr Heilungsritual zur Wiedererlangung Ihrer Würde (15 Min.)

Zünde eine Kerze an. Schau in die Flamme und sage:

„Mein Licht kann nicht erlöschen. Ich bin Respekt und Liebe wert."

Selbstdankbarkeitsübung

- Schreiben Sie 10 Eigenschaften oder Talente auf, die Sie einzigartig machen.
- Lesen Sie sie vor einem Spiegel und schauen Sie dabei in Ihre Augen.

- Bestätigung des Tages
- ☛ „Ich bin wertvoll. Mein Wert ist unveräußerlich. Nichts und niemand kann ihn mir nehmen."

📌 Hinweis:

Demütigung ist mit Scham und Verlust der Würde verbunden. Dieses Programm hilft, den Körper zu begradigen, Scham loszulassen, Grenzen zu setzen und den eigenen Wert zu beanspruchen.

Die wöchentliche Wiederholung hilft, die Überzeugung dauerhaft zu verankern: „Ich bin würdig und legitim."

ABSCHLUSS

Seelische Wunden sind universell. Sie sind nichts Neues: Sie erstrecken sich über Generationen, Kulturen und persönliche Geschichten. Doch obwohl ihre Tragik nichts Neues ist, bleibt ihre Präsenz für jeden von uns eine alltägliche Realität. Sie prägen unsere Ängste, unser Verhalten, unsere Überzeugungen, manchmal sogar ohne unser Wissen.

Sie zu überwinden erfordert Mut. Es bedeutet, bereit zu sein, in manchmal schmerzhafte innere Bereiche einzutauchen, sich Leid, Scham, Wut oder Einsamkeit zu stellen. Es bedeutet, diese Emotionen anzuerkennen, denen wir lange zu entkommen versucht haben. Denn Flucht heilt nicht – nur Akzeptanz öffnet den Weg zur Transformation.

Sich selbst zu heilen bedeutet, den Mut zu haben, sich mit sich selbst zu verbinden. Es bedeutet, zu lernen, seine Gefühle zu akzeptieren, auch die, die man für unaussprechlich hielt. Es bedeutet zu entdecken, dass Verletzlichkeit keine Schwäche ist, sondern ein Tor zu mehr Authentizität. Es bedeutet, eine vertrauensvolle Beziehung aufzubauen, zuerst zu sich selbst und dann zu anderen, indem man ein solides Fundament aus Sicherheit und gegenseitigem Respekt legt.

Jedes Mal, wenn wir Mitgefühl statt Urteil wählen, jedes Mal, wenn wir unseren Wert ehren, anstatt uns selbst zu erniedrigen, machen wir einen Schritt vorwärts auf diesem Weg der Heilung. Denn am Ende der Reise erwartet uns eine Belohnung: innere Freiheit.

Freiheit zu lieben, ohne Angst vor Ablehnung.
Die Freiheit, man selbst zu sein, ohne Scham oder Maske.
Die Freiheit, ein erfülltes Leben zu führen, ohne die erdrückende Last vergangener Verletzungen.

Dieser Weg ist nicht geradlinig. Er erfordert Geduld, Freundlichkeit und vor allem Ausdauer. Doch wenn wir uns entscheiden, unsere Wunden behutsam zu betrachten, entdecken wir, dass hinter jeder einzelnen ein stiller Meister lauert, der uns zu mehr Bewusstsein, mehr Kraft und mehr Freude führt.

An die eigenen Möglichkeiten zu glauben bedeutet zu verstehen, dass Wunden keine Verurteilungen, sondern Aufforderungen sind. Aufforderungen zu wachsen, zu lieben, zu vergeben, sich mit sich selbst zu versöhnen. Indem wir ihnen mit Mut und Zärtlichkeit begegnen, entdecken wir jene tiefe Einheit wieder, jene innere Weisheit, die uns nichts und niemand nehmen kann.

So wird der Weg der Heilung zu mehr als einem Kampf: Er wird zu einer Wiedergeburt.

DANKESNACHRICHT

Ich möchte allen, die direkt oder indirekt zur Entstehung dieses Buches „Die 5 Wunden der Seele" beigetragen haben, meinen tiefen Dank aussprechen.

Zuallererst danke ich meinen Lesern. Dank euch und euch hat dieses Projekt seine volle Bedeutung erlangt. Eure Anwesenheit, euer Feedback und euer Vertrauen haben mir den nötigen Anstoß gegeben, diese innere Erkundung fortzusetzen und diese Reise authentisch zu teilen.

Ich möchte auch meinen Freunden und meiner Familie für ihre bedingungslose Liebe und unerschütterliche Unterstützung danken. In Zeiten des Zweifels und in Zeiten der Freude wart ihr immer da und habt mir Zuflucht aus Verständnis und Freundlichkeit geboten.

Abschließend möchte ich all den Begegnungen, den Lehrmeistern des Lebens und den manchmal schmerzhaften, aber prägenden Erfahrungen Tribut zollen, die meine Reflexion genährt und es mir ermöglicht haben, diesen Seiten Substanz zu verleihen. Jede Prüfung, jedes Lächeln, jede ausgestreckte Hand hat dieses Buch geprägt und meine Überzeugung bestärkt, dass wir alle jenseits von Wunden wahre innere Heilung finden können.

Ihnen, die Sie diese Zeilen lesen, wünsche ich, dass dieses Werk nicht nur ein Buch, sondern auch ein Begleiter, eine Quelle des Trostes und ein Leuchtfeuer auf Ihrem eigenen Weg sein wird.

Mit all meiner Dankbarkeit und Aufrichtigkeit,
Cédric Silva